KB242024

끈기 9단으로 만들어주는
스스로 공부법

끈기 9단으로 만들어주는

스스로 공부법

2007년 7월 12일 초판 1쇄 인쇄
2007년 7월 18일 초판 1쇄 발행

지은이 | 빈희 · 정인 · 다빈
펴낸이 | 김태화
펴낸곳 | 파라북스

주간 | 이성옥
기획 | 타임스토리 필름앤북스
책임편집 | 조은주, 홍효은
마케팅 | 박경만
본문디자인 | 백미애
관리 | 이연숙

등록번호 | 제313－2004－000003호
등록일자 | 2004년 1월 7일
전화 | 02) 322-5353
팩스 | 02) 334-0748
주소 | 서울특별시 마포구 서교동 한벗 1길 13
홈페이지 | www.parabooks.com

ISBN 978-89-91058-77-4(43370)
copyright ⓒ 2007 by 빈희 · 정인 · 다빈

* 값은 표지 뒷면에 있습니다.

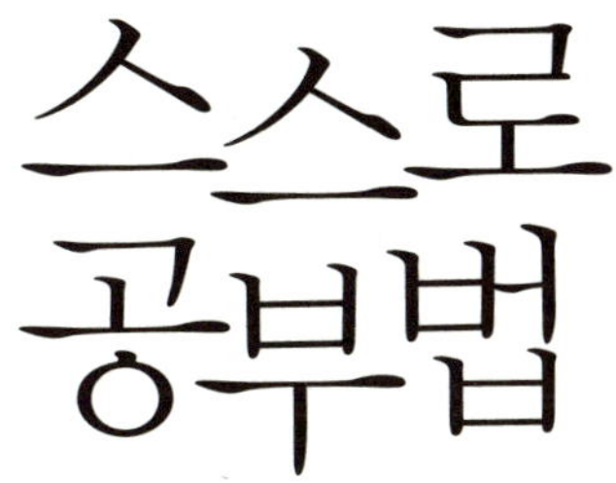

스스로 공부법

빈희 · 정인 · 다빈 지음

파라주니어

우리 세 자매의 이야기가 다른 사람들에게 읽힌다고 생각하니 한편으로는 뿌듯하면서도 또 한편으로는 부끄러운 생각이 든다. 언젠가부터 사람들은 우리 세 자매를 특별한 사람인 양 바라보기 시작했다. 우리 이름 앞에 붙는 수식어도 그랬다. 검정고시 최연소 합격, 대학교 조기입학, 4년 장학생……. 그래서인지 사람들이 궁금해 하는 것도 한결같다.

"어떤 방법으로 그렇게 공부를 잘할 수 있었니?"

하지만 정작 우리의 솔직한 대답을 듣고 나면 실망하는 사람들이 더 많다. 그들이 기대했던 '특별한 비결'이 아니라서일까?

사실 우리 세 자매가 해왔던 공부는 아주 특별했던 동시에 아주 평범했다. 우리를 현재, 그리고 미래의 꿈으로 이끌어주었다는 점에서는 정말이지 특별했고, 그러기까지 수많은 시행착오를 거쳐야 했다는 점에서는 다른 학생들과 다를 바 없었다.

그 접점에서 우리가 배운 것이 있다면 공부란 그것을 하고자

하는 열정이 무엇보다 중요하지만, 설사 열의가 잠시 식거나 그저 게으름을 피우고 싶은 순간에도 쉼 없이 매진해야 한다는 사실이다. 그런 끈기 없이는 절대로 앞으로 나아갈 수 없음을 우리는 공부하고 그 결과에 실망하고 기뻐하는 매 순간으로부터 뼈저리게 느끼고 배웠다.

이 책 속의 세 가지 이야기는 '우리는 15살, 17살의 대학생입니다' 라는 소개로 시작된다. 하지만 그것은 어디까지나 우리 세 자매의 현재 모습일 뿐, 진짜 이야기는 훨씬 이전으로 거슬러 올라간다. 그때 우리 세 자매는 아직 많이 어렸다.

자기밖에 모른 채 늘 앞장서서 달리던 우등생, 눈에 띄지 않게 천천히 걸어가던 중간내기, 저만큼 뒤처진 채 왜 달려야 하는지조차 모르던 꼴찌. 성도, 생김새도 제각각이었지만 그렇게 한 가족이 된 순간부터 우리는 저마다의 꿈을 좇아 새로이 달리기를 시작했다.

숨이 차고 다리가 아픈 적도 많았다. 각자 앞에 있는 누군가를 앞지르기 위해 다리에 더 힘을 주기도 했다. 그런 우리에게 룰은 단 한 가지였다. 절대 멈추거나 포기하지 말기. 덕분에 출발점은 서로 달랐지만 현재 저마다 다른 곳을 바라보면서도 각자의 위치에 만족하는 우리가 될 수 있었다.

우리 세 자매의 이야기에는 부모님 얘기 또한 빼놓을 수 없다. 참 특별하고, 참 평범한 부모님이다. 재혼가정이라는 편견 속에서도 우리를 가장 우리답게 키워주고자 노력했던 두 분의 헌신은 어느 부모님 못지않다. 그런데 스스로 공부하는 우리가 되기까지 두 분의 역할은 참으로 남달랐다.

우리 엄마는 학원 선생님이다. 언제나 얼굴에 웃음을 가득 머금고 있는 엄마의 가장 큰 관심사는 다른 엄마들처럼 자식들의 교육문제다. 우리 세 자매가 어린 나이에 대학에 들어갈 수 있었던 것도 체계적인 학습지도를 통해 기초를 단단히 다질 수 있게 해준 엄마의 공이 컸다. 하지만 우리 엄마는 공부를 빼놓고는 서툰 면이 훨씬 많다.

대학에 와서 엄마와 통화하면 90%는 공부에 관한 이야기다. 사소한 학교생활을 이야기하든 건강이나 남자친구에 관한 고민을 털어놓든 엄마가 내리는 결론은 항상 똑같다.

"공부에 지장을 주어선 안 돼." "너를 지켜보는 사람이 많으니까 늘 행동을 조심하렴."

왜 우리 엄마는 다른 엄마들처럼 나의 사소한 일상에 관심을 가져주지 않는지 가슴 아프고 속상한 적도 많았다. 가끔은 말 그대로 무조건 위로받고 의지하고 싶을 때도 있는데……. 동생 다빈이의 감정이나 마음도 내가 더 많이 챙겨야 했다.

어릴 때부터 엄마는 학원일로 항상 바빴다. 나와 다빈이는 운동회나 소풍날 엄마가 싸준 도시락을 들고 오는 친구나 비 오는 날 엄마가 마중 나온 친구를 제일 부러워했다. 그런 속도 모르고 친구들은 말했다.

"엄마가 선생님이라 참 좋겠다. 공부도 가르쳐주고 말이야."

그럴 때마다 나는 "그렇게 부러우면 너희 엄마랑 우리 엄마랑 바꿀까?" 하고 심통을 부리곤 했다.

하지만 시간이 흐른 지금, 나는 엄마의 마음을 조금씩 이해

할 것 같다. 엄마는 그간 우리를 힘들게 한 어려움 속에서 우리가 강해지기를 바랐던 것 같다. 그러면서도 속으로는 우리가 흔들리거나 엇나가지 않을까 초조해하며 많이 울었다는 것을 알고 있다.

분명한 것은 남들처럼 엄마의 따뜻한 치마폭에 싸여 있었다면 우리가 지금처럼 조기 대학생이 되어 더 많은 미래를 꿈꾸지 못했을 거라는 사실이다. 나이가 드는 만큼 생각도 커지나 보다. 덕분에 이제 나는 엄마와 친구가 되었다.

새 아빠는 다른 사람들이 보기에는 다소 괴짜 같은 사람이다. 우리 의견보다 아빠의 뜻을 더 강요하거나 너무 엄격할 때도 있다. 그런 아빠의 강압적인 공부방법이 싫어서 투정도 많이 부렸다. 하지만 한편 개구쟁이 같고 다정한 친구 같을 때도 많아서 언제나 사랑스럽다.

언젠가 아빠가 연꽃에 대한 이야기를 들려준 적이 있다. 연꽃은 연못이나 진흙탕 속에서만 자라나는 '신비의 꽃'이라고 한다. 아빠의 바람은 우리 세 자매가 어떤 힘든 환경을 만나든

연꽃처럼 아름답게 살았으면 하는 것이었다. 그리고 기꺼이 우릴 위한 거름이 되어주셨다.

그런 엄마 아빠에게 꼭 하고 싶은 말이 있다.

"아빠, 엄마. 그동안 우리 때문에 고생 많으셨죠? 우리 세 자매가 이렇게 당당히 설 수 있었던 건 다 두 분의 희생 덕분이에요. 이제는 두 분만의 행복한 시간을 가지세요. 하늘땅만큼 사랑해요!"

첫째 빈희

Contents

나는 구구단도 모르는,

이른바 '공부를 참 못하는 아이' 였다.

뒤에 앉은 아이들이 "42, 42" 하고 답을 알려주는데도

내 귀에는 "바보, 바보" 하고 놀리는 소리로 들렸다.

하지만 나는 내려갈 데 없는 발밑이 아닌

날아오를 곳 넘치는 하늘을 바라보았다.

그래서 만년 꼴찌가 아닌,

15살에 대학까지 들어간 정인이가 될 수 있었다.

가능성으로 세상을 채우는 아이
정인

내 이름은 황정인, 나이는 만 15세. 1991년생이지만 12월에 태어났으니까 따지고 보면 1992년생이나 마찬가지다. 다빈이와는 몇 개월 차이 안 나지만 그래도 내가 언니다.

현재 호남대학교 중국어과 1학년 새내기, 성격은 전형적인 O형이다. 처음에는 낯을 많이 가리지만 한번 친해지면 수다도 잘 떨고 스스럼없이 잘 지낸다. 초등학교 때는 여자애들보다 남자애들하고 노는 것이 훨씬 더 재미있었다. 그런 나를 보고 아이들은 선머슴아 같다고 놀리곤 했다.

초등학교 때 아빠는 엄마와 이혼했다. 솔직히 두 분이 왜 헤어졌는지 이해할 수 없었다. 누군가로부터 공부습관이나 기초를 지도받을 기회가 없었던 탓인지 성적은 늘 바닥을 맴돌았다. 사실 공부를 잘하고 싶은 욕심도 그다지 없었다.

새엄마와 아빠가 결혼을 하면서 내 인생은 참 많이 달라졌다. 무엇보다 학교성적이 놀랄 만큼 올라갔다. 하위권 정인이가 우등생이 되다니! 그야말로 미운오리새끼에서 백조로의 변신이었다. 아빠는 나의 성장을 보고 '일취월장' 했다며 누구보다도 기뻐했다. 무슨 시상식 소감 같지만 나는 이 영광을 모두 엄마에게 돌리고 싶다.

두 분의 재혼 이후 우리 집에는 웃음꽃이 다시 피어났다. 그렇다고 해서 모든 것이 제자리를 찾은 것은 아니다. 난 원래 애교 하면 카메라 앞에서 활짝 웃는 일만큼 어색하다. 그래서 아직도 엄마에게 다가서기가 그리 쉽지 않다. 무엇을 사달라는 말은 더더욱 꺼내기 어렵다. 하지만 나를 위하는 엄마의 진심만큼은 그 누구보다 잘 알고 있다.

아빠? 아빠는 어린아이 같은 분이다. 갑자기 소리도 잘 지르고 가끔은 서운한 말씀도 쉽게 내뱉지만, 우리를 얼마나 사랑하는지 한순간도 잊지 않게 해준다. 우리가 목표를 향해 정진할 수 있도록 도와준 분 또한 아빠이기에 늘 감사하는 마음을 갖고 있다.

어린 나이에 들어가긴 했지만 대학은 기대 이상으로 재미있는 곳이었다. 학교라곤 초등학교밖에 다닌 적이 없어서 적응하기가 어려울 줄 알았는데 오히려 하루하루 신나기만 하다.

그래도 가끔은 어쩔 수 없이 나이로 인한 벽을 느낄 때가 있다. 요즘 우리 학교는 축제기간이라 언니 오빠들 모두 낭만을 느끼고 술을 마시느라 바쁘다. 하지만 우리는 왠지 그 즐거움에 함께 어울리기 쉽지 않다. 술을 마실 수 있는 것도 아니고, 그렇다고 연인과 데이트를 할 나이도 아니다 보니 더욱 그런가 보다.

하지만 대학생활은 훨씬 값진 선물을 내게 주었다. 나이와

상관없이 새로운 사람들과 만나고 친해질 수 있는 기회와 더불어 그들과의 선의의 경쟁을 통해 중국어 실력까지 키울 수 있게 해주었으니, 나로서는 충분히 감사할 따름이다.

내 꿈은 다빈이와 비슷하기도 하고 조금 다르기도 하다. 우리는 똑같이 중국어학과 최연소 교수를 목표로 삼고 있다. 다빈이는 나의 라이벌이자 동반자인 셈이다. 사회복지사가 되어 어려운 사람들을 돌보고 싶은 욕심은 나만의 또 다른 꿈이다. 어느 쪽이 더 중요한지 말할 수 없을 만큼, 그 두 가지 꿈은 끊임없이 나를 끌어주고 지탱해주고 있다.

꿈은 머릿속에서만 부풀리면 공상에 그치지만 사로잡으려고 손을 뻗는 순간 현실이 된다. 우리 세 자매가 중국 유학을 다녀와서 2년도 안 되는 시간 안에 고입·고졸 검정고시를 모두 마칠 수 있었던 것은 원하는 목표에 하루라도 빨리 도달하고 싶은 욕심 때문이었다.

대학을 졸업한 뒤에는 중국 최고의 명문대학인 북경대학 대학원에 입학할 계획이다. 사회복지사가 되기 위해 대학교 2학년이나 3학년쯤에는 복수전공을 해볼까도 고민 중이다.

그렇다고 해서 나의 모든 일상이 오로지 꿈을 향하고 있거나 공부로만 채워진 것은 아니다. 누구보다 열심히 공부한다고 자부하는 나지만 곧잘 남들처럼 음악에 빠져 몽상 속을 헤매기도 하고, 만화책과 컴퓨터 앞에 앉아 눈을 떼지 못하는 날도 많다.

남들보다 몇 년 일찍 대학생이 된 나 자신이 자랑스럽기도 하지만 한편으론 중학교 고등학교를 다니며 성장하는 또래들을 보며 부러움을 느낄 때도 있다. 그 아이들은 나보다 더 많은 또래 친구들이 있겠지? 하지만 내 앞엔 더 넓은 세상이 나를 기다리고 있다.

한때 나는 이른바 '공부를 참 못하는 아이' 였다. 다시 말해 내려다볼 아래보다는 날아오를 하늘이 더 많은 아이였다. 나는 발밑이 아닌 머리 위 하늘을 보았다. 그래서 만년 꼴찌가 아닌, 15살에 대학까지 들어간 정인이가 될 수 있었다.

이제 나는 창공을 나는 새처럼 자유로워졌다. 끝이 보이지 않는 더 큰 세상을 향해 지금도 날고 있다.

구구단도 외울 줄 모르는 아이

초등학교 3학년까지 나는 한글맞춤법조차 제대로 모르는 아이였다. 특히 수학시간은 정말이지 악몽 같았다. 남들은 초등학교에 들어가기도 전에 다 끝낸다는 구구단조차 제대로 외우지 못하던 나였다.

"정인아, 7 곱하기 6은 뭐지?"

"……."

선생님의 질문에 꿀 먹은 벙어리가 되는 내 자신이 정말 싫었다. 뒤에 앉은 아이들이 "42, 42" 하고 답을 알려주는데도 왠지 내 귀에는 "바보, 바보" 하고 놀리는 소리로 들렸다.

"정인이는 아직도 구구단을 못 외웠으니, 많이 분발해야겠구나."

선생님의 부드러운 격려조차 무거운 질책처럼 부끄러운 내 마음을 내리눌렀다. 성적표를 받아보면 더더욱 한심했다. 전 과목 꼴지. 뭐 하나 기분을 북돋울 만큼 잘하는 과목이 없었다.

성적이 그 모양이니 수업시간이 즐거울 리 만무했다. 언제 질문이 날아오지 않을까 늘 걱정되고 가슴이 두근거렸다. 그나마 질문하거나 화낼 줄 모르는 선생님의 말씀은 잔잔한 자장가나 외국어처럼 들려 기분 좋게 졸기까지 했다.

그렇게 몇 달쯤 지나자 처음에는 나를 불러 걱정해주던 선생님도 이젠 내가 잠을 자든 딴전을 피우든 개의치 않았다. 하긴 공부를 잘하는 아이들도 일일이 챙겨주기 힘들 텐데 전교 꼴찌인 내가, 아무런 노력조차 하지 않는 내가 더 이상 눈에 들어올 리 없었다.

사실 공부와 처음 만나는 초등학교 입학 무렵, 내 가까이엔 공부와 인사시켜주고 사귀도록 도와줄 만한 사람이 마땅히 없었다. 아빠 역시 이혼 이후 안정을 찾지 못하고 있던 터라 정말이지 내 곁에 아무도 없는 것처럼 느껴졌다.

그런 나에게 생각치 못한 변화가 찾아왔다. 아빠의 재혼과 더불어 영영 빈자리로 있을 줄 알았던 엄마라는 존재가 다시 나타난 것이다.

새엄마는 내가 머릿속으로만 비밀스럽게 꿈꾸던 그런 분이었다. 다정하고 아이들을 자상하게 가르쳐주고 무엇이든 억지로 강요하는 법이 없었다. 언니와 동생까지 생기자 허전하던 집안이 알 수 없는 생기로 가득 찼다.

물론 집안 분위기가 달라졌다고 해서 내가 갑자기 우등생으로 변신한 건 아니다. 상황은 더 나빴다. 그전엔 학교에서만 꼴찌였지만 이젠 집에서도 꼴찌를 면치 못하게 되었으니 말이다. 새 식구가 된 엄마와 언니 동생이 그 사실을 알게 되면 얼마나 창피할까? 그 누구에게도 털어놓을 수 없는 심각한 고민이 생겼다.

걱정했던 그날은 생각보다 빨리 찾아왔다. 하루는 엄마가 나를 불러 조심스럽게 물었다.

"정인아, 구구단 외울 줄 아니?"

엄마 눈을 똑바로 보지 못한 채 작은 소리로 대답했다.

"아뇨."

"그럼, 엄마와 함께 받아쓰기부터 해볼까?"

지금 생각해보면 정말 시시한 받아쓰기였지만 당시엔 자신 있게 적을 수 있는 글자가 하나도 없었다. 게다가 나도 알아보기 힘들 만큼 삐뚤삐뚤한 글씨라니.

엄마는 교과서와 일기장도 하나하나 펼쳐보았다. 제대로 쳐다본 적 없는 교과서엔 손때조차 묻어 있지 않았고, 일기는 3줄을 넘기지 못했다. 엄마가 가느다란 한숨을 내쉬는 걸 보자 숨이 멎는 것 같았다. 나에겐 이제 희망이 없는 걸까?

그런데 엄마의 표정이 갑자기 밝고 씩씩해졌다.

"정인아, 공부는 왜 하는 걸까?"

"왜…… 왜 공부하는지 잘 모르겠어요. 전 공부하는 게 정말 싫어요. 학교에 가도 선생님께서 무슨 말씀을 하는지 전혀 모르겠어요. 아이들도 전부 나를 놀리는 것 같아요.”

기어들어가는 목소리로 내 처지를 고백하자니 나도 모르게 눈물이 나왔다. 엄마는 그 누구도 보여준 적 없는 따뜻한 미소를 지으며 내 눈물을 닦아주었다. 그리고는 나를 꼭 안으며 말했다.

“정인이는 이제 엄마 딸이야. 엄마 없는 아이가 아니란 말이야. 엄마가 무슨 일이든 정인이와 함께 할 거니까 아무 걱정하지 마. 부족한 건 열심히 가르쳐주고 잘하는 건 진심으로 칭찬해줄게. 아무도 정인이를 놀리거나 힘들게 하지 않겠다고 약속할게. 대신 정인이도 무슨 일이든 엄마한테 털어놓으렴.”

엄마의 목소리는 작고 부드러웠다. 반대로 내 가슴은 그 동안 감추어온 설움 때문인지 혹은 오랫동안 기다려온 뭔가를 만난 기쁨에 겨워선지 걷잡을 수 없이 뛰었다. 내 심장은 눈물로 채워져 있었던 걸까? 숨을 삼킬 때마다 눈물이 쏟아져 나왔다.

엄마는 내 울음까지 안아가며 머리를 쓰다듬어주었다.

“정인아, 아까 공부가 싫다고 했지? 하지만 공부는 나 자신을 소중한 사람으로 만들어준단다. 누군가의 칭찬을 듣는 것도 기분 좋은 일이지만 공부란 원래 자기 자신을 위한 일이란 걸 잊어서는 안 돼. 내가 어떤 사람이 되느냐에 따라 삶의 방향은 달라지게 되어 있거든. 많이 배우고 지혜를 풍부하게 쌓은 사람은 자신한테 만족하며 행복하게 살 수 있어. 공부는 또한 정인이가 어른이 돼서 하고 싶은 일이나 꿈을 이루어준단

다. 우리 정인이는 꿈이 뭐니?"

꿈? 나는 꿈이 없었다. 아니, 남들이 놀릴까 봐 한 번도 입
밖에 꺼낸 적이 없었다.

"전…… 선생님이 꿈이에요. 하지만 공부를 못하니까 진짜
선생님은 될 순 없을 거예요. 그래도 혹시 지금부터라도 열심
히 공부하면 선생님이 될 수 있을까요?"

"그럼! 우리 정인이는 충분히 할 수 있어. 이제 겨우 3학년
이잖니? 정인이는 천성이 착하니까 공부만 열심히 하면 분명
학생들이 좋아하는 선생님이 될 거야."

그날 엄마와 난 정말 많은 이야기를 나누었다. 엄마는 공부
가 왜 중요한지 차근차근 설명해주었다. 생각을 풍부하게 하

고 좋은 친구도 사귈 수 있다고 했다.

엄마 말이 맞는 것 같았다. 나는 무슨 일을 하든지 자신감이 없었다. 그래서 친구들에게 쉽게 다가가지도, 내 의견을 떳떳하게 말하지도 못했다. 소극적인 성격 탓도 있겠지만 공부를 못한다는 약점 때문에 기가 죽은 것도 사실이었다.

그날 밤 왠지 잠이 오지 않았다. 머리와 가슴속에서 한꺼번에 깨어나 나를 뒤흔드는 생각을 정리하고 싶었다. 결국 다시 불을 켰다. 그러고는 내가 가장 하고 싶은 일들을 공책에 적어 내려갔다.

공책을 채운 것은 비단 꿈만이 아니었다. 그 모든 꿈을 당장 이룰 수 있을 것 같은 자신감이 내 안에서 깨어나고 있었다.

1학년 교과서로
돌아가다

전날 밤 폭발할 것만 같던 기대와 흥분은 교과서를 펼치는 순간 타다 만 재에서 피어오르는 연기처럼 슬며시 꺼져갔다. 도대체 어디서부터 시작해야 할까? 욕심껏 이 책 저 책 꺼내 한가운데를 꾹꾹 눌러 펼쳐봤지만, 어제까지 외계인 말처럼 보이던 숫자와 글자가 갑자기 눈에 들어올 리 없었다.

언제부터 날 지켜봤는지 엄마가 내 손에서 교과서를 살짝 빼 가만히 덮었다.

"정인아, 공부를 한답시고 무조건 교과서만 펼쳐서 되는 건 아니야. 공부는 무엇보다 기초가 탄탄해야 하거든. 그렇지 않으면 공부가 재미없을 수밖에 없어. 우선 엄마랑 어떻게 공부해야 하는지부터 알아보자."

엄마가 제일 먼저 알려준 것은 일기 쓰는 법이었다. 엄마는 그날 하룻동안 가장 생각나는 일들을 비록 짧더라도 반드시 일기장에 적어보라고 했다. 일기쓰기는 그 자체로도 바람직한 습관인데다 공부를 잘하기 위한 첫걸음이라는 것이었다. 일기가 공부를 잘하게 해준다고? 얼른 이해가 되지 않았다.

일기를 쓰면서 맞춤법과 띄어쓰기에 자신감이 붙기 시작한 것은 사실이었다. 게다가 지난 주 이맘 때 무엇을 했는지 기억해내기도 좋았고, 수학풀이만큼 무료하던 글쓰기도 조금 재미있어졌다.

일기쓰기에 익숙해질 즈음, 엄마는 드디어 교과서를 내 앞에 꺼내놓았다. 그런데 이상했다. 엄마가 펼친 건 1학년 교과서였다.

"이제부터 우리 정인이와 엄마는 초등학교 1학년 때로 돌아갈 거야. 타임머신을 타고 말이야. 3학년인 정인이가 1학년 책을 공부한다고 해서 전혀 부끄러워할 건 없어. 무슨 일이든 막힌다 싶으면 돌아가는 게 맞는 거니까. 처음부터 하나하나씩 이해해가다 보면 금세 다른 아이들을 따라잡을 수 있을 거야. 그러니까 엄마를 믿고 꾸준하게 공부해보자. 알겠지?"

엄마는 나의 취약과목(사실 당시엔 모든 과목이 꼴찌였으니 특별하게 취약한 과목은 없다고 봐야 했다)인 수학부터 가르치기 시작했다. 첫 번째 과제는 구구단 외우기였다.

당시 내가 외울 줄 아는 구구단은 3단까지가 전부였다. 그나마 다른 사람 앞에 서면 긴장이 되어 자꾸만 틀리곤 했다. 그럴 때면 아이들은 한심하다는 표정으로 날 보고 킥킥거렸다. 그러나 엄마는 그러지 않았다. 같은 답을 계속 틀려도 표정이 한결같이 따뜻했다.

게다가 엄마는 이제껏 아무도 가르쳐주지 않은 구구단의 원리도 설명해주었다.

"정인이가 열심히 해도 구구단이 잘 안 외워지는 이유가 뭘까? 구구단이 어떻게 만들어졌는지 그 원리를 몰라서 그런 거야. 잘 봐, $2 \times 3 = 6$이라는 건 2를 3번 더했다는 소리야. $2+2+2=6$라는 계산과 똑같은 거지."

이렇게 하루에 한 단씩 익히다 보니, 딱 8일 만에 완벽하게 구구단을 외울 수 있었다. 그동안 구구단 때문에 골치를 앓고 바보취급까지 받았다는 게 이상할 정도였다.

구구단을 외운 뒤에는 한 자리 숫자를 더하고 빼고 나누고 곱하는 연습을 했다. 연산 역시 겁을 먹을 때나 어렵지 막상 능숙해진 뒤에는 수수께끼 풀기처럼 재미있었다. 진도도 점점 빨라졌다. 한 자리 숫자의 연산에 이어 두 자리, 세 자리 계산까지 익히고 나자, 네 자리 연산은 혼자서도 이해할 수 있게 되었다.

다음 도전과제는 책읽기였다. 사실 난 제대로 독서하는 방법을 배운 적도, 혼자 책을 읽어본 적도 없었다. 그래서인지 매일 엄마와 함께 책 읽는 시간이 그렇게 즐거울 수 없었다.

책을 읽고 나면 엄마는 반드시 내 소감을 묻곤 했다. "재미

있었니?" "주인공이 정인이랑 닮은 거 같지 않니?" "너라면 그때 어떻게 했을까?" "어떤 부분이 가장 기억에 남니?" 그러면 나는 어디까지가 책 속의 이야기고 어디부터가 엄마와 나의 수다인지 구분하지 못한 채 종알종알 떠들기에 바빴다.

엄마와 대화를 주고받은 뒤에는 항상 독후감을 썼다. 처음에는 유치하기 짝이 없는 줄거리에 짧은 감상이 전부였지만 엄마와 더 자주 대화를 나눌수록 독후감도 제법 틀이 잡혀갔다. 특히나 엄마의 칭찬을 들은 날엔 독후감 실력이 쑥쑥 느는 기분이 들었다. 엄마는 내 글이 유치하면 유치한 대로, 발전이 있으면 또 그만큼 칭찬을 아끼지 않았다.

내 생활에 변화를 가져온 또 다른 습관은 바로 생활계획표 짜기였다. 그동안 공부에 흥미를 못 느꼈던 탓도 있지만, 전에는 생활계획표를 짜고 실천해본 경험이 없었다. 엄마는 다른 때처럼 이 새로운 훈련이 '왜' 필요한지부터 설명해주었다.

"생활계획표를 짜면 일 주일 동안 정인이가 어떻게 생활할지 계획을 세울 수 있어. 훌륭한 사람들은 하나같이 시간과 인생을 계획적으로 움직인단다."

그날 이후 생활계획표를 만들고 실천하는 일은 일기와 맞먹는 즐거운 습관이 되었다.

생활계획표 짜기

1. 절대 무리한 계획을 세우지 마세요

제 친구 중 한 명은 '공부, 휴식, 공부, 밥, 공부, 휴식' 이런 식의 생활계획표를 짜더군요. 선생님도 그 계획표를 보더니 "이렇게 계획했다간 사흘도 실천하지 못할걸!" 하고 웃으셨죠.

계획은 반드시 실천 가능해야 합니다. 비록 하루 중 공부하는 시간이 몇 시간이 안 되더라도 꾸준하게 행동으로 옮길 수 있을 계획을 세우는 것이 중요합니다.

2. 정확한 분량을 정해 구체적인 계획을 세우세요

생활계획표를 짜다 보면 '9시부터 11시까지 국어, 12시부터 2시까지 수학' 하는 식으로 계획을 세우는 경우가 많습니다.

하지만 그보다는 '9시부터 11시까지 영어 1과의 몇 쪽까지 끝내기' 와 같이 구체적인 계획을 세우는 것이 좋습니다. 분명한 목표가 있어야 집중력과 더불어 공부에 대한 열의 또한 높아지니까요. 물론 낭비하는 시간도 줄일 수 있습니다.

3. 집중력이 높은 시간을 놓치지 마세요

사람마다 공부에 집중할 수 있는 시간대가 다르다고 합니다. 아침잠이 적은 사람은 새벽 시간을 이용해서 어려운 과목을 집중적으로 공부하는 것이 좋습니다. 반면 아침잠이 많은 사람이라면 밤 9시 이후 시간을 놓치지 말아야 합니다.

여름철의 경우 새벽이나 오전 10시, 오후 3시 순으로 집중력이 높다고 하니, 참고해서 자신에게 맞게 시간을 조절하세요.

졸음이 몰려오는 점심식사 이후에는 잠시 낮잠을 자두면 집중력이 높아집니다. 하지만 1시간 이상 낮잠을 자면 한밤의 숙면을 방해할 수 있으므로 주의해야 합니다.

4. 일일·주간계획을 함께 세우세요

계획표 하면 보통 일일계획표만 떠올리는 사람들이 많은데, 그것만으로는 효율성이 다소 떨어질 수 있습니다. 금요일 정도에 다음 주의 주간계획을 세워보세요. 어떤 공부를 하고 어떤 활동을 할지 계획을 잡다 보면 보다 체계적으로 공부할 수 있는 요령이 생깁니다.

그렇다면 일일계획표는 언제 만드는 것이 좋을까요? 전날 밤에 내일 할일을 점검하면서 짜야 보다 구체적이고 실천 가능한 계획을 세울 수 있습니다.

칭찬은 고래도 춤추게 할까? 물론!

"정인이가 요즘 열심히 공부하나 보네. 글짓기는 말할 것도 없고 수학 실력도 정말 많이 늘었구나. 우리 노력하는 정인이한테 박수 한번 쳐줄까?"

아이들이 일제히 내 얼굴을 바라보며 박수를 치기 시작했다. 그전처럼 얕보거나 놀리는 표정이 아니었다. 시샘하는 눈길 반, 부러운 눈길도 반쯤 섞인 듯했다. 아이들의 박수소리가 내 몸을 천천히 들어올리는지 허공 위로 부웅 떠오르는 기분이 들었다.

엄마와 공부를 시작한 지 2달 뒤, 작지만 특별한 변화들이 찾아왔다. 전에는 선생님이 질문을 던지면 눈길을 피하려고 발버둥쳤지만 이제는 나도 모르게 손이 올라갔다. 설사 내가 말한 답이 틀린다 해도 부끄러워하거나 미리 겁내지 않았다.

엄마가 내게 가르쳐준 가장 큰 공부는 자신감을 내 것으로 만드는 일이었다. 선생님 역시 나를 변하게 만든 것이 자신감임을 아는지, 작은 일에도 칭찬을 아끼지 않았다.

엄마는 칭찬에 관한 한 전문가라 부를 만했다. 그날그날 공부를 검사하다 잘했다 싶은 과목이 있으면 칭찬스티커를 붙여주곤 했다. 스티커가 10개 이상 모이면 내가 원하는 선물이나 읽고 싶은 책을 살 수 있었다. 일기쓰기에 재미를 붙인 것도 실은 스티커를 많이 받고 싶은 욕심이 한몫을 했다.

물론 스티커를 모으는 일보다 신나는 건 부모님의 칭찬과 격려를 듣는 일이었다. 사소하거나 매번 똑같은 칭찬일지라도 시시하거나 싫증나는 법이 없었다. 아마도 잘 먹으면 키가 쑥

쑥 자라듯 칭찬에 배부르면 자신감이 불쑥 크는 모양이다.

한때 나는 자신감이라곤 찾아볼 수 없는 아이였다. 그래서 실수가 잦았고 무슨 일이든 쉽게 포기했다. 심지어 내 목소리 하나 마음껏 크게 내지 못하고 인사조차 제대로 건네지 못했다. 그렇게 나는 자꾸만 소심하고 소극적인 아이로 움츠러들고 있었다.

그러나 부모님의 칭찬과 격려는 나를 완전히 다른 사람으로 바꾸어놓았다. 어느 날 엄마가 나에게 물었다.

"정인아, 정인이는 나중에 어떤 일을 하고 싶어?"

"잘하는 게 있어야 하고 싶은 일이 있잖아요. 전 잘하는 게 아무것도 없어요."

부끄럽긴 했지만 솔직한 대답이었다. 실망할 줄 알았던 엄마는 뜻밖의 말을 꺼냈다.

"왜 그렇게 생각하니? 잘하는 게 없다니. 엄마가 보기엔 정인이는 아주 특별한 장점을 가지고 있어. 정인이는 어려운 처지에 있는 사람들을 많이 도와주고, 엄마 일도 제일 잘 도와주잖니. 그건 누구도 흉내 낼 수 없는 훌륭한 장점이야. 남을 걱정하고 돌보는 마음은 가슴속이 따뜻한 사람만 가질 수 있거든. 정인이의 예쁜 마음을 훗날 어려운 처지에 있는 사람에게 나눠준다면 분명 훌륭한 사람이 될 거야."

그때 내 마음이 얼마나 환하게 빛나는지 엄마는 아마 지금까지 모르고 계실 거다.

《칭찬은 고래도 춤추게 한다》라는 책을 읽은 적이 있다. 칭찬과 격려의 힘이 얼마나 대단한가를 보여주는 책이었다. 정말 내 앞에 고래가 있다면 칭찬만 가지고 녀석을 춤추게 할 자신은 없다. 하지만 분명한 것은 엄마 아빠의 칭찬이 소극적이고 공부도 못하던 정인이를 춤추게 만들었다는 사실이다.

칭찬이 없었다면 나는 진작 공부를 포기했지, 결코 지금과 같은 적극적인 우등생으로 변하지 못했을 것이다. 이 세상의 모든 부모들이 꼭 하나 '칭찬의 힘' 만큼은 믿어줬으면 좋겠다.

무대에서 빛나는 비,
그처럼 살고 싶다

　기다리던 순서가 됐다. 잠시 숨죽이고 있던 조명이 한꺼번에 빛을 터뜨렸다. 눈부신 무대 위에 그의 실루엣이 우뚝 서는 순간, 우리 세 자매의 비명이 한꺼번에 터져 나왔다. 비의 멋진 노래와 춤이 드디어 시작됐다.

　나는 연예인을 그다지 좋아하는 편은 아니다. 그래도 비의 무대를 보고 있노라면 저절로 입이 헤 벌어지곤 한다. 세계적인 〈타임지〉가 전 세계에서 가장 영향력 있는 100인 가운데 한 사람으로 꼽은 그가 아닌가!

　비의 환상적인 춤과 무대매너를 보면 그가 왜 세계적인 명사가 되었는지 조금은 짐작할 수 있을 것 같다. 단지 춤을 잘 추기 때문만은 아닌 듯했다. 비의 노래와 춤 하나하나에는 다른 사람에게선 찾아볼 수 없는 특별한 힘이 뿜어져 나왔다. 그건 누구도 쉽게 흉내 낼 수 없는 노력의 결과로 만들어진 그만의 자신감과 매력임이 틀림없었다.

더더욱 멋진 건 그가 밝힌 좌우명이다.

"끝없이 노력하고 끝없이 인내하며 끝없이 겸손하겠다."

비도 한때는 연습생이었다고 한다. 그저 춤이 좋았을 뿐 지금과 같은 세계적인 스타가 될 줄은 생각지도 못했을 것이다. 춤을 제대로 소화하지 못해 혼난 적도 많다고 한다. 어디 그뿐이었을까. 무명의 연습생인 이상 얼마나 많은 시련과 유혹이 있었을까?

누군가는 아무리 춤을 잘 춘대도 스타가 되는 건 하늘의 별 따기라고 말했을 것이다. 가수보다는 차라리 안정된 일자리를 찾으라고 충고하는 친구도 있었을 것이다. 때로는 허리나 다리를 다쳐 움직일 수 없을 만큼 고통스러웠던 적도 있었겠지? 사람들 눈엔 이미 성공한 비만 보이지만 그 모든 어려움을 뿌리치고 부단히 노력했기에 지금의 그가 있는 게 분명했다.

아직 전교 꼴찌를 면치 못하고 있던 그 시절, 나는 TV 속의 비를 바라보며 그와 똑같이 새처럼 날 수 있기를 바랐다. 당장은 눈에 띄지 않는 그저 그런 열등생이지만 언젠가 모두의 인정을 받는 우등생이 될 수 있을 거라 믿었다. 그렇게 비의 인생이 곧 내 삶의 드라마인 양 상상의 나래를 펼치다보면 나중에는 그의 현란한 춤조차 눈에 들어오지 않았다.

내 상상은 현실에서 점점 멀어지고 있었지만 한 가지 믿음만은 지울 수 없었다.

'저토록 근사한 모습을 보여주기 위해서는 무대 뒤에서 50배, 100배의 노력을 기울여야겠지? 나 역시 마찬가지야. 우등생이 되어서 남들에게 멋진 모습을 보여주려면 지칠 때까지 공부에 전념해야 해.'

다음 날 나는 비의 사진을 내 책상 앞에 올려놓았다. 비를 좋아해서이기도 하지만 무엇보다 감탄할 만한 그의 노력을 본받고 싶었다. 그가 세계를 향해 자신의 무대를 넓혀나가듯이 나 역시 점점 더 큰 사람으로 거듭나고 싶었다.

방학은 역전의 기회

엄마와 함께 부지런히 꼴찌탈출을 위한 계획을 세우고 실천하는 사이 어느덧 방학이 찾아왔다. 그전까지만 해도 내게 있어 방학은 '그저 지칠 때까지 노는 시간'이었다. 그렇다고 해서 딱히 신나게 논 것은 아니다. 이제 와 생각해보면 어떻게 놀아야 하는지조차 잘 몰랐던 것 같다.

공부를 잘하는 아이들은 놀기도 잘한다. 하지만 나 같은 꼴찌는 걱정은 걱정대로 하면서도 공부에 열중하지도, 마음껏 놀지도 못한다. 그래도 방학이 좋았던 건 선생님이나 아이들의 눈총에서 잠시라도 해방될 수 있어서였다.

하지만 엄마와 함께한 방학은 이전의 방학과는 확연히 달랐다. 이제부터 방학은 내 자신을 몰라보게 업그레이드하는 시간이었다.

그해 겨울방학, 엄마와 나는 다른 것은 몰라도 적어도 세 가지는 확실하게 마스터하기로 했다. 가장 기초가 약해서 고민이었던 수학과 일기, 그리고 독후감이 그것이었다. 일기는 이미 조금 익숙해져 있었지만, 수학은 감히 넘지 못할 산처럼 느껴졌다.

겨울방학을 맞이할 무렵, 나의 수학 실력은 (앞서 고백한 대로) 구구단을 외우고, 간단한 연산 정도를 따라할 수 있는 수준이었다. 물론 그전 학기에 비한다면 실력이 많이 향상되었다고는 하지만 할 줄 아는 거라곤 단순한 계산뿐, 수학의 기본적인 개념에 대해선 전혀 무지했다.

엄마는 구구단을 배울 때처럼 이번에도 초등학교 1학년 수학책을 다시 꺼내 왔다. 수학에 대해서는 아예 백지라고 생각하고 덧셈, 뺄셈부터 차근차근 되짚어가자고 했다. 3번씩이나 1학년 책을 공부해야 하다니, 남들이 알면 비웃을 일이었지만 엄마는 내가 초등학교 6학년이었대도 기초가 부족한 이상 같은 방법을 택할 거라고 말했다.

"정인아, 처음부터 시작한다고 해서 남들보다 뒤처질 거라고 생각하지 마. 사실 기초를 탄탄하게 다지는 방법이야말로 가장 빨리 나아가는 길이니까. 어떤 공부든 갑자기 실력이 좋아지는 법은 없단다. 한 단계 한 단계 기초를 쌓아가다 보면 정인이 실력이 어느새 깜짝 놀랄 만큼 향상되어 있을 거야."

엄마에 대한 믿음 덕분인지 그 말씀 역시 틀리지 않는 것 같았다. 연산을 제대로 모르고 집합이나 소수 등을 어떻게 이해할 수 있을까. 게다가 가장 자신 없는 수학으로 남들을 따라잡고 나면 어떤 과목이든 잘할 수 있을 것 같았다. 이미 한 차례 되돌이 공부의 효과를 경험한 내가 아닌가!

과연 1학년 수학 과정을 1주일 만에 마스터하고 나자 할 수 있다는 자신감이 불붙기 시작했다. 이어서 2학년, 3학년 과정을 공부하다 보니 그동안 수학 때문에 겁먹었던 나 자신이 한심하기까지 했다.

내친김에 4학년 교과서까지 꺼내놓고 예습을 시작했다. 욕심이 과했을까? 4학년 수학은 처음 배운다는 부담감 때문인지 자꾸만 문제를 틀렸다. 그렇다고 속상해하거나 지레 포기하진 않았다. 잘못 푼 문제는 오답노트에 적어두었다가 여러 번 반복하여 기어이 내 것으로 만들었다. 그때마다 엄마가 내주는 비슷한 유형의 문제까지 맞히고 나면 다음 단계로 넘어가는 식으로 진도를 나갔다.

수학과 함께 방학 중에 특히 신경을 쓴 또 다른 과제는 일기였다. 일기 쓰는 습관이야 이미 익숙해진 뒤였지만 아직은 문장력이나 표현이 서툰데다 내용도 아주 유치했다. '아침에 밥 먹고 언니 동생과 놀았다'는 빤한 글이 하루걸러 등장하니 누군가 훔쳐보기라도 했다면 제 일기를 베껴 적는 줄 알았을 것이다.

엄마는 일기쓰기가 대단히 중요한 공부임을 강조했다. 단순

히 하루의 일을 기록하는 것이 아니라 개인의 역사를 만드는 과정이라는 얘기였다.

"일기를 10년간 쓰는 사람은 못 이룰 일이 없다고 했어. 일기를 쓰면서 자신의 삶을 반성하고 앞으로 무엇을 할 것인가를 고민하는 시간을 가지다 보면 보다 나은 사람이 될 수밖에 없을 테니까."

하지만 잘 쓸려고 애쓸수록 일기장을 채우는 일은 더 막막했다. 그런 나를 위해 엄마는 저녁식사 때마다 오늘 하루 무엇을 했는지 꼼꼼히 물어주곤 했다.

"음, 오늘은 수학공부를 하고 아빠랑 같이 뇌호흡을 했어요. 참, 빈희 언니랑 산에도 갔었구나."

식구들과 이런저런 이야기를 나누다 보면 일기에 적고 싶은 '할 말'이 금세 부풀어 올랐다.

엄마는 그렇다고 해서 일기에 반드시 '무엇을 했다'는 식의 기억을 남길 필요는 없다고 했다. 그날 읽은 책을 떠올리며 감상을 적어도 좋고, 동시나 동화를 지어도 근사할 거라고 했다. 심지어 머릿속을 스쳐간 터무니없는 공상이나 생각들조차 일기의 좋은 글감이 된다는 것이었다. 종종 공부하다가 막혀 골치가 아팠던 내용을 일기 대신 정리해도 그만이었다.

세월이 많이 흐른 요즘, 난 가끔 내 일기장들을 찬찬히 들쳐 보곤 한다. 억지로 길게 늘려 쓰려고 애쓴 흔적이 빤한 지루한 일기도 많고 가끔은 유치한 비밀도 엿보인다.

그뿐이 아니다. 중국에서 쓴 일기에는 중국어가, 영어와 한자에 한창 재미를 붙이던 시기에는 영어와 한자가 뒤섞여 있어 마치 지구를 한바퀴 돌고 온 해적의 일기장처럼 보이기도 한다. 여하튼 그 모든 게 나 정인이의 역사라고 생각하면 뿌듯하고 소중할 따름이다.

방학 중 성적 따라잡기

1. 선택과 집중이 필요해요

방학 중에는 무조건 많은 과목을 공부하려고 욕심내지 말고 가장 뒤떨어지는 과목을 집중적으로 공부하는 것이 낫습니다.
수학이 뒤처진다고 생각하면 수학 공부에, 국어가 자신 없으면 국어 공부에 전념하세요.
저처럼 모든 과목이 다 뒤처질 때는 기초과목에 시간을 투자하는 것이 우선입니다. 초등학생이라면 국어와 책읽기, 수학과 일기쓰기에, 중학생이라면 국·영·수를 중심으로 공부하는 것이 좋습니다.

2. 잘 노는 것도 중요해요

방학은 재충전의 시간이기도 합니다. 무조건 열심히 공부만 한다고 해서 효율이 높아지진 않으니까요. 공부를 즐겁게 하려면 우선 신나게 놀 수 있어야 합니다.
단, 노는 동안에는 다른 할 일이나 고민은 싹 잊어버리도록 하세요.

3. 방학일수록 보다 규칙적인 생활이 필요해요

방학이 되면 으레 생활리듬이 깨어지기 쉽습니다. 늦게 자고 늦게 일어나는 건 기본이고 인터넷이나 게임에 매달리는 시간도 늘어나니까요.
물론 학교에 다닐 때처럼 공부시간과 휴식시간만 정해놓고 빡

빡하게 지낼 필요는 없지만 적당한 규율은 필요합니다. 계획표를 만들어 규칙적으로 생활하려고 노력하면 기대 이상의 뿌듯한 방학을 보낼 수 있습니다.

4. 쌓아둔 문제집을 활짝 펼치세요

학기 중에는 교과서 중심으로 기초를 다져두었다면 방학은 여러 종류의 문제집을 풀면서 실력을 탄탄히 쌓고 응용력을 높이는 시간입니다.

깨끗한 문제집을 모조리 꺼내 여유 있는 마음으로 한번쯤 풀어보세요.

5. 박물관과 미술관에 열심히 다니세요

방학이 찾아오면 박물관이나 미술관으로 산책이나 소풍을 떠나세요. 물병 하나 달랑 들고 출발해도 좋지만 문화재나 역사에 관한 책 하나쯤을 미리 읽고 떠난다면 2배로 신나는 공부가 될 겁니다.

혹 미술관에 간다면 작은 노트와 연필을 챙겨, 가장 인상적인 그림을 한번쯤 따라 그려보세요. 본인의 그림은 마음에 안 들겠지만 마음에 들었던 그 작품 구석구석은 머릿속에서 지워지지 않을 겁니다.

6. 가족과 많은 대화를 나누세요

방학 때는 아무래도 가족들과 같이하는 시간이 많아집니다. 물론 몇몇 가족이야 여전히 바쁠지 모르지만 그래도 틈날 때마다 부모님께, 형제에게 말을 걸어보세요.

일상의 이야기도 좋고 뉴스를 달구고 있는 사회적 이슈를 얘기해도 좋습니다. 논술 문제집을 푸는 것 이상으로 논리적인 사고와 토론 능력을 키우는 데 효과적입니다.

7. 책을 많이 읽으세요

고전에서부터 현대작품에 이르기까지 다양한 책의 목록을 정해 독서에 빠져보세요. 그렇다고 너무 어려운 책을 붙잡고 있느라 독서에 대한 흥미를 잃어버리면 큰일입니다. 쉬우면서도 의미 있는 책을 읽는 것이 중요합니다.

책을 고르기가 쉽지 않다면 부모님께 조언을 구해보세요. 서점에 함께 나가 책을 고르는 것도 즐거운 경험이 될 겁니다.

꼴찌가 알려주는
꼴찌의 비결

세상에 꼴찌가 되고 싶은 사람은 아무도 없을 것이다. 꼴찌를 밥 먹듯이 하던 나도 사실 꼴찌라는 게 너무 싫었다. 누가 뭐라 하지 않아도 자꾸만 주눅이 들고 선생님과 눈을 마주치는 일도, 학교에 가는 일도 점점 힘들어졌다.

물론 워낙 공부를 안 할 때는 꼴찌를 면치 못해도 변명의 여지가 없었다. 하지만 엄마와 공부를 시작한 뒤에도 성적은 좀처럼 오르지 않았다. 구구단도 외웠고 선생님의 칭찬도 늘었고 수학책도 2번이나 공부했다. 그런데 왜 성적은 안 오르는 걸까? 난 정말 바보일까?

늘 자신감을 심어주던 엄마 역시 내 시험지를 보고선 맥이 빠지는 모양이었다. 그러나 엄마는 포기라는 걸 몰랐다.

학교에서 돌아온 어느 날, 엄마가 나를 불러 앉혔다.

“정인아, 오늘 학교에서 뭘 배웠니?”

나는 교과서를 펼쳐놓고 이것저것 생각나는 대로 열심히 설명했다. 엄마는 잠시 고개를 갸웃거리더니 내가 배운 내용 가운데 몇 가지를 문제로 내주었다. 이상한 일이었다. 방금 내 입으로 배웠다고 큰소리친 내용인데도 막상 질문에 답하려니 정확한 대답을 떠올릴 수 없었다.

엄마는 정답을 말해준 다음 비슷한 문제를 다시 한번 풀어보게 했다. 머릿속에 지우개라도 들어 있는 걸까? 여전히 생각나지 않았다.

“정인이의 문제를 이제 알았다. 정인이는 공부를 대충대충하는 것 같아. 문제를 정확하게 이해하고 넘어가는 것이 아니라 머릿속으로 조금 이해됐다 싶으면 다 안다고 믿어버리는 거지. 하지만 그렇게 넘어가면 금방 까먹고 말아. 게다가 정확한 개념을 모르니까 유형이 조금만 바꿔도 문제를 못 풀게 되는 거야.”

곰곰이 생각해보니 엄마 말씀이 옳았다. 나는 한 번도 문제를 정확하게 이해했는지 짚고 넘어간 적이 없었다. 아니, ‘이해했다’는 말의 의미조차 정확히 알고 있는 건지 확신할 수 없었다.

“자, 이렇게 한번 해보자. 엄마와 같이 공부하면서 대강의 내용을 이해한 다음, 뭔가 부족하다 싶은 부분은 정인이가 참고서나 인터넷에서 직접 찾아 해결하는 거야. 완전히 이해했다 싶으면 다빈이에게 네가 공부한 것을 가르쳐주렴. 그러면 같은 공부를 적어도 3번 반복하게 되니까 절대 잊어버리지 않겠지?”

듣기에는 간단해 보였다.

“우리 당장 해봐요, 네?”

우선 엄마로부터 전체적인 설명을 듣고 난 다음 교과서를 반복해 읽었다. 궁금한 것은 참고서나 인터넷을 찾아 이해할 것은 이해하고, 외울 것은 외웠다. 이제 마지막 관문이 남았다. 나는 비장하게 다빈이를 불러 앉히고는 마치 선생님이 된 것처럼 내가 배운 것을 설명하기 시작했다.

그런데 한 가지 흥미로운 사실을 발견했다. 말 그대로 완전하게 이해했다 싶은 내용은 설명하기가 전혀 어렵지 않았지만, 조금이라도 찜찜한 부분은 반드시 막히기 마련이어서 다빈이 역시 이해하지 못했다. 뭔가를 이해한다는 것, 완전하게 내 것으로 만든다는 것이 바로 이런 거구나! 소중한 깨달음을 얻는 순간이었다.

그런 뜻에서 아무나 못하는 꼴찌를 여러 차례 해본 내가 혹시나 꼴찌가 되고픈 친구들을 위해 ‘꼴찌가 되는 가장 확실한 요령’을 알려줄까 한다. 내 얘기를 들으며 뜨끔 하는 친구가 있다면 언젠가 꼴찌의 꿈을 반드시 이룰 테니 바짝 긴장해도 좋다.

첫째, 공부하다 뭔가 이해가 안 된다 싶어도 웬만하면 대충 넘어가기 바란다. 특히 전체적인 내용과 흐름을 한눈에 파악할 수 있는 교과서는 팍팍 무시해야 한다.

둘째, 모르는 단어가 나와도 못 본 척 통과한다. 낱말이나 문장 한두 개쯤 뜻을 모르더라도 가볍게 넘어갈 줄 알아야 도무지 실력도 안 쌓이고 배운 것도 금방 까먹을 수 있다.

셋째, 학원에 갔다 오면 책가방을 내던져라. 학원 선생님은 개인지도와 달리 여러 학생들을 가르치기 때문에 대개는 중간 수준 아이들이 이해하는 선에서 진도를 나가곤 한다. 따라서 이해가 안 되는 부분이 생길 수밖에 없다. 그걸 그냥 넘어가지 않고 선생님께 묻거나 참고서나 인터넷을 찾아 문제를 해결하려 들면 꼴찌에서 영영 멀어질 수밖에 없다.

그런데 설마 정말 꼴찌가 되려고 작정한 사람은 없겠지?

교과서는
비밀스런 보물지도

"정인이가 하위권에서 상위권으로 치고 올라갈 수 있었던 진짜 비결이 뭐니?"

언젠가 우리 자매를 찾아온 한 학부모님이 내게 물었던 질문이다. 나는 별로 고민하지 않고 대답했다.

"교과서를 열심히 공부하는 거요. 공부하다 막히면 다시 교과서를 공부했어요."

뭔가 대단한 비결이 있는 줄 알았던 그 아주머니는 대단히 실망하는 눈치였다. 그러나 백만장자가 찾아와 똑같은 질문을 한다고 해도 내 대답은 바뀌지 않을 것이다. 그저 열심히 교과서를 공부하라고 권할 수밖에.

나 역시 처음부터 교과서를 애지중지했던 것은 아니다. 여느 아이들처럼 빨간 줄로 표시하거나 필기한 부분만 확인하고는 곧바로 참고서와 문제집에 매달렸다. 그런 나를 보고 엄마는 혀를 찼다.

"정인아, 공부하는 학생에게 제일 중요한 무기가 뭔지 아니? 바로 교과서야. 교과서는 우리가 배워야 할 모든 정보가 표시된 보물지도 같은 거란다. 우리가 따라가야 할 길도, 그곳에 도착하면 꼭 찾아내야 할 보물도 모두 그 지도 안에 들어 있어. 따라서 글자 하나하나가 전부 중요하단다."

까만 글씨만 빽빽한 교과서가 보물지도라니! 정말 중요한 부분만 알록달록 콕콕 찍어놓은 참고서가 얼마나 많은데……. 설사 교과서가 진짜 보물지도라고 해도 나는 지도 읽는 법을 몰랐다. 그러니 교과서를 펼치기만 해도 졸음이 쏟아지는 게 당연했다.

게다가 가뜩이나 성적이 안 좋은데 문제집마저 안 풀면 도대체 뭘 믿어야 한단 말인가. 그날부터 엄마만 안 계실 땐 문제집을 풀다가 슬그머니 교과서로 바꿔치기하는 눈속임 공부가 시작됐다. 결국 엄마한테 딱 걸리고 말았지만.

성적이 제자리를 맴돌던 어느 날, 엄마는 말로만 해서는 안 되겠다고 생각했는지 교과서를 모두 꺼내오도록 했다. 하나같이 새 것같이 깨끗했다.

"정인이가 이번에는 엄마 얘기를 귀담아듣지 않은 모양이구나. 좀 섭섭한데? 하긴 엄마 잘못도 있는 것 같아. 교과서가 중요하다고만 했지, 그 방법은 정확하게 가르쳐주지 않았으니 말이야.”

엄마는 당장 교과서로 공부하는 법을 같이 익혀보자고 했다.

“정인이, 오늘 사회 시간에 뭘 배웠니?”

“충청북도요.”

“그래? 그럼 일단 사회과부도에서 충청북도가 어디에 있는지 함께 찾아볼까?”

나는 사회과부도를 펼쳐 충청북도의 위치를 확인하고는 지도로 그리면 어떤 모습일지 살펴보았다. 충청북도에 속한 도시 이름을 하나하나 읽으면서 각 도시 하면 떠오르는 것들도 말해보았다. 가령 ‘천안’ 하면 독립기념관, ‘금산’ 하면 인삼이 제일 먼저 생각났다. 아무것도 떠올릴 수 없는 도시들은 인터넷으로 찾아보았다.

그런 다음 사회 교과서를 동화책을 읽듯이 여러 번 되풀이해 읽기 시작했다. 엄마는 처음부터 머릿속에 무언가를 남기려고 의식적으로 노력할 필요는 없다고 했다. 공부라고 생각하면 흥미가 반감될 수 있기 때문에 부담 없이 읽는 편이 낫다는 것이다. 엄마 말대로 같은 페이지를 여러 번 읽다 보니 몇 가지 궁금증이 생겼다. 그 부분은 표시해두었다가 인터넷이나 참고서를 찾아 노트에 정리해두면 좋을 듯했다.

“노트에 정리할 때는 아주 구체적인 내용까지 적어두렴. 예를 들어 정인이가 공부하면서 꼭 가보고 싶어진 도시나 아직

풀리지 않은 궁금증에 대해서도 말이야. 교과서를 읽고 난 느낌을 남겨둬도 좋아."

노트정리가 끝나자 엄마는 마무리 겸 다시 한 번 교과서를 읽어보라고 했다. 이번에는 충청북도라는 도시에 대한 여러 가지 인상과 정보가 마치 차트처럼 떠올랐다.

마지막으로 문제집을 풀어보았다. 머릿속 차트를 하나하나 넘겨가며 답을 찾다 보니 평소 무미건조한 글씨를 읽어 내려가며 문제를 풀 때와는 전혀 다른 느낌이 들었다.

"이제 알겠니? 교과서가 얼마나 중요한지? 문제집과 참고서만 가지고 공부하면 진도가 훨씬 빨리 나가는 기분이 들지만 진짜 실력은 제자리걸음을 하기 쉬워. 반대로 교과서부터 완벽히 이해하고 나면 참고서를 보지 않아도 머릿속으로 요점을 파악하고 문제집 없이도 문제를 발견하고 해결할 수 있는 능력이 생긴단다. 그것이야말로 진짜 실력인 셈이지."

그날 이후 나는 엄마로부터 배운 방법을 실천하려고 노력했다. 물론 몸에 밴 습관을 하루아침에 바꾸기란 쉽지 않았다. 교과서를 들여다보다가도 시험이 코앞에 닥치거나 꾀가 나면 슬쩍 참고서나 문제집으로 성급하게 손이 갔다. 엄마도 내가 쉽게 바뀌지 않으리라 예상했는지 틈만 나면 교과서 읽기훈련을 시켰다.

흥미로운 책들이 쏟아져 나오는 요즘, 교과서는 여전히 재미없는 텍스트다. 그러나 훗날 검정고시를 준비하면서 교과서 공부의 덕을 단단히 본 나는 공부 잘하는 사람들이 왜 서로 짜기라도 한 듯 "교과서 위주로 공부했어요"라고 말하는지 이해하게 되었다.

방법은 쉽다. 다만 중요한 건 확신과 꾸준한 훈련이다. 누구든 교과서를 제대로 공부한 다음 그 효과를 실감하고 나면 나처럼 교과서 마니아가 되지 않고는 못 배길 거라 감히 장담한다.

내 안의 우등생을 깨운
집중력 훈련

공부와 담을 쌓은 아이들도 '공부를 잘하고 싶다' 는 생각을 한 번쯤은 하게 된다. 하지만 아무리 굳게 마음먹었다 하더라도 책상에 앉기만 하면 쉽게 포기하고 만다. 내 경우엔 이유는 뻔했다. 기본이 안 갖추어져 있다 보니 책을 봐도 이해가 되질 않고, 결국엔 공부가 지루할 수밖에 없었던 것이다.

언젠가 러시아의 대문호 도스토예프스키의 작품인 《카라마조프의 형제들》이라는 책을 읽으려고 시도한 적이 있다. 하지만 금세 포기하고 말았다. 기가 질릴 만큼 엄청난 책의 두께도 문제였지만 무엇보다 19세기 초 러시아의 상황을 전혀 이해하지 못하다 보니 도대체 무슨 이야기를 하는 건지 알아들을 수가 없었다. 이처럼 기본이 없으면 책 한 권 읽기도 고역인데, 공부는 두말할 필요가 있을까?

기본과 기초는 거의 비슷한 말인 듯하지만 나는 그 두 가지 말에 약간 다른 의미를 붙이기로 했다(어디까지나 나만의 해석이니, 사전은 도로 접어두기 바란다).

나에게 있어 기본은 공부에 대한 마음가짐을 말한다. 공부하려는 의지가 약하다, 노력을 안 한다, 학습태도가 안 좋다, 시간을 허비한다 등의 모든 문제는 곧 기본이 부족하다는 뜻이다. 그에 반해 기초란 구구단을 못 외운다든지, 맞춤법을 모른다든지, 수학공식을 모른다든지 하는 구체적인 지식이 부족한 것으로 본다.

공부에 대한 기본은 물론이고 기초도 전혀 잡혀 있지 않았던 내 경우엔 공부가 말 그대로 악몽이었다. 왜 공부해야 하는지도 모르겠는데, 자꾸만 공부를 강요하는 아빠가 그저 원망스러울 뿐이었다. 그야말로 뭘 알아야 공부를 하지! 곱셈 나눗셈도 모르는 마당에 방정식이 어쩌고 하면 머리에 들어올 리 없지 않는가.

그뿐이 아니었다. 딱 30분만 참아야지 하고 책상에 앉으면 책을 펼치기도 전에 몸이 뒤틀리고 머릿속엔 딴 생각만 떠올랐다. 내가 봐도 나 자신이 한심할 정도였다.

보다 못한 아빠는 나를 위해 비장의 특별훈련을 준비했다. 이름하여 집중력 훈련.

"정인이는 학습태도부터 고쳐야 해. 지금처럼 두서도 없고 산만하면 어떻게 공부를 잘할 수 있겠니? 조금 힘이 들더라도 아빠가 시키는 대로 집중력 훈련을 받아보도록 하자."

아빠의 집중력 훈련방법은 여러 가지였다. 조용히 눈을 감고 마음을 차분히 한 상태에서 명상을 하는가 하면, 마음이 흐트러지거나 들뜰 때는 벽 한 곳에 점을 찍어 가만히 응시하는 훈련을 하기도 했다.

처음에는 공부보다 지겨운 게 다 있구나 생각했지만 꾸준하게 연습하다 보니 조금씩 마음이 가라앉는 것을 느꼈다. 그렇게 마음을 가다듬고 나면 공부에 임하는 자세 또한 나도 모르게 달라졌다.

우선은 공부에 집중하는 시간이 점점 늘어났다. 전에는 단 5분도 제대로 집중한 적이 없던 내가 최소한 1시간 이상은 공부에 집중할 수 있게 되었다. 공부는 집중력 싸움이라는 말이 괜히 나온 것이 아닌 듯했다.

6개월쯤 지나자 변화는 훨씬 두드러졌다. 공부하는 기본자세가 완전히 갖춰졌나 싶더니 구체적인 공부의 기초 역시 잡히기 시작했다. 시험에 연연하기보다 기본과 기초를 충실히 다지면서 부족한 부분을 보충하는 데 치중했다. 그러자 어느 시점에서부터는 학교수업을 완전히 따라갈 수 있게 됐다.

눈에 보이는 세상과 달리, 적어도 우리 안에는 우등생과 열등생이 따로 정해져 있지 않다는 생각이 들었다. 다만 내 안에 있는 우등생을 깨울지, 열등생을 깨울지는 자신이 각자 결정할 몫인 것 같다.

라이벌이 잠든 사이

우리 세 자매는 나이가 비슷해서 그런지 서로에게 좋은 경쟁자이자 친구가 되어주곤 한다. 서로에게 지기 싫어 더 많이 공부하려고 밤을 새운 적도 많다. 나보다 욕심이 많은 다빈이는 특히 빈희 언니에게 대단한 라이벌 의식을 느끼는 것 같다. 빈희 언니나 다빈이에 비해 실력이 많이 떨어졌던 나는 열등감을 느낄 때가 훨씬 더 많았다.

성적이 밑바닥을 헤매던 시절, 내 자존심은 늘 구겨져 있었다. 빈희 언니나 다빈이에게 지지 않으려면 2배, 3배 열심히 공부해야 했다. 그러지 않고 똑같이 놀았다간 평생 노력해도 따라잡을 수 없을 것 같았다. 그래서 두 사람이 놀거나 잘 때도, 나는 기회는 이때라고 생각하고 더 열심히 공부했다. 그야말로 죽기 살기라는 심정이었다.

　사실 나 역시 빈희 언니를 의식하지 않을 수 없었다. 빈희 언니처럼 우등생이 되어 모두로부터 인정받고 싶었다. 그런데 문제는 나와 빈희 언니가 너무나 다르다는 데 있었다. 나와 다빈이가 3시간쯤 공부하면 빈희 언니는 겨우 1시간만 공부하고도 언제나 반에서 1등을 차지했다.

　빈희 언니는 머리가 좋은 걸까? 아니면 도대체 무슨 수로 늘 좋은 점수가 나오는 거지? 나는 질투심 많은 스파이가 되어 빈희 언니의 일거수일투족을 낱낱이 관찰해보기로 했다.

　조사 결과는 이러했다. 빈희 언니는 확실히 남다른 구석이 있다. 무엇보다 교과서 하나만큼은 읽고 또 읽어서 개념을 완전히 파악한 뒤 참고서로 넘어간다. 나처럼 성급하게 문제집부터 푸는 아이하고는 눈에 띄게 다른 점이었다. 또 하나, 교과서를 읽다가 모르는 단어가 나오면 그 즉시 사전이나 참고서를 찾아 공책에 메모를 남긴다.

이렇게 교과서와 참고서를 통해 기본원리와 유형을 파악하고 난 뒤에야 빈희 언니는 문제집을 꺼내 든다. 그때부터는 가급적 다양한 문제를 풀어 어떤 식으로 응용하든 해결할 수 있는 훈련을 하는 것이다.

빈희 언니는 한눈에 봐도 표가 나는 이 스파이에게 자신의 공부법을 친절하게 설명해주기까지 했다. 하지만 이론과 현실 사이의 벽은 높았다. 빈희 언니가 가르쳐준 대로 똑같이 시도해봤지만 나로선 그다지 능률이 오르지 않았다.

어쩌면 당연한 결과였다. 빈희 언니가 좋은 공부습관을 익히며 기초를 탄탄하게 다져온 것은 하루 이틀 동안의 노력이 아니었다. 그 오랜 내공을 따라잡기 위해서는 공부시간을 늘리는 수밖에 없다는 결론에 도달했다.

빈희 언니의 실력이 머리가 아닌 꾸준한 노력의 결과란 것을 안 순간부터 빈희 언니를 앞서고 싶은 마음은 훨씬 더 불타올랐다. 하루는 어떤 일이 있어도 12시 전에는 잠드는 법이 없는 빈희 언니가 11시도 안 돼서 곯아떨어졌다. 그렇다면 나는 2시까지 공부할 테다, 작정한 나는 정신없이 공부에 열중했다.

시간이 얼마나 흘렀을까? 어디선가 정체불명의 가냘픈 목소리가 들려왔다. 순간 움찔한 나는 바짝 겁에 질렸다. 숨죽인

채 찾아낸 목소리의 주인공은 다름아닌 배터리를 충전해달라
는 아빠의 휴대폰. 어이가 없어 혼자 웃고 말았다.
　어느새 새벽하늘이 희뿌옇게 밝아오고 있었다. 나는 하늘을
향해 두 팔을 쫙 뻗었다.
　'이제 시작이야. 지금보다 더 열심히 해서 내 영원한 라이벌
빈희 언니보다 더 좋은 성적을 받을 거야.'
　새벽공기가 그렇게 달콤한 줄 아직 잠든 세상은 모르고 있는
것 같았다.

수업시간에 반하다

　중학교 과정 검정고시를 준비하고 있을 때였다. 야학까지 다니면서 공부에 대해 욕심을 냈지만 해야 할 공부는 점점 쌓이고 진도는 생각만큼 빠르지 못했다.

　엄마 역시 초조했던지 아끼는 제자 둘을 집으로 초대했다. 당시 나라 언니는 서울대에, 영란 언니 또한 국내에서 알아주는 국립대학에 합격한 상태였다.

　엄마가 두 사람을 초대한 이유는 단지 공부를 잘해서만이 아니었다. 두 사람 모두 수업태도가 남다르다며 칭찬을 아끼지 않았다. 수업시간이면 선생님과 눈이 맞춘 채 한 치 흐트러짐이 없다나? 엄마는 그런 언니들을 우리가 본받았으면 하는 눈치였다.

　언니들이 찾아온 날, 엄마는 제자들을 마치 선생님 모시듯

깍듯이 대했다.

"얘들아, 우리 딸들은 중국어를 아주 잘해. 그러니까 애들에게 중국어를 배우면서 너희들은 중학교 과정을 가르쳐주면 어떻겠니? 서로에게 크게 도움이 될 텐데."

나라 언니와 영란 언니는 흔쾌히 승낙했다.

"중국어를 덤으로 배울 수 있으면 좋죠. 하지만 상관없이 가르쳐줄게요. 걱정하지 마세요."

그날 이후 언니들과 함께한 시간은 우리 세 사람 모두에게 특별한 수업이 되었다. 공부를 체계 있게 가르쳐준 것도 고마운 일인데, 공부하는 자세가 어때야 하는지 몸소 보여줬으니 말이다. 언니들은 몇 시간을 같이 공부하면서도 자세 한 번 흐트러트리는 일이 없었다. 반듯하게 앉아 자신이 아는 바를 조목조목 설명하는 모습은 종종 아름다워 보이기까지 했다.

학교를 다닌 시간이 남들에 비해 짧았지만 그나마 기억나는 거라곤 부끄러운 모습이 전부인 나였다. 선생님과 제대로 눈을 맞추기는커녕 늘 딴 짓을 하느라 바빴고, 그마저 지루해지면 동화책 따위를 몰래 꺼내 읽곤 했다. 선생님께 야단을 맞고 나면 억지로 칠판을 응시했지만 머릿속은 온통 공상으로 채워져 있었다.

그런 내가 이제 와서 수업시간에 충실하라고 말하는 건 참으로 우스운 일이다. 나 역시 수업시간의 중요성을 깨달은 건 중국 유학을 준비하기 얼마 전의 일이었으니까. 그땐 엄마의 지도 아래 성적이 차츰 오르고 있던 무렵이었다. 수업이 조금씩 이해되기 시작하자 귀에 들어오는 내용도 점점 더 늘어났다. 심지어 수업이 지루할까 봐 선생님이 던지는 우스갯소리도 예사롭지 않고 훨씬 재미있게 들렸다.

수업에 흥미를 느끼자 예습을 해서라도 좀더 많이 이해하고 싶은 욕심이 생겼다. 나중에는 선생님의 목소리 톤만 듣고도 중요한 내용을 가려낼 수 있게 되었으니 그야말로 극적인 변화가 일어난 셈이다.

언젠가 우리의 스승이 되어준 두 언니처럼 예전의 나 같은 골칫거리를 떠맡게 된다면 두 손 꼭 붙들고 말해주고 싶다.

"수업은 한순간도 놓치지 마세요. 특히나 선생님의 목소리

가 커지거나 높아지는 대목에서는 귀를 쫑긋 세우고 정신을
바짝 차리지 않으면 안 됩니다.
　그런 부분에 표시를 해두면 십중팔구 시험에서 수업의 위력
을 확인할 수 있을 거예요."

5단계 학교공부법

|1단계 | 수업을 흥미진진한 시간으로 만드세요

우등생들의 공통적인 특징 가운데 하나는 학교수업에 열중한다는 사실입니다. "에이, 누가 그걸 몰라?"라고 말할지 모르지만 의외로 많은 학생들이 학원에서는 열심히 공부하면서도 학교수업에선 조는 경우가 많습니다. 하지만 학원보다는 학교수업이 훨씬 중요합니다.

단, 학교수업은 준비한 만큼 더 많이 배울 수 있습니다. 학교에서 배울 교과와 관련된 체험을 하거나 배경지식이 될 만한 책을 읽어보세요. 수업시간이 훨씬 흥미진진해질 겁니다.

|2단계 | 질문은 주저하지 마세요

수업 중에 궁금한 점이 있으면 그 즉시 질문하세요. 보통은 친구들을 의식해서 참고 넘어가는 경우가 많지만 그건 바람직한 태도가 아닙니다.

공부를 통해 세상의 모든 지식을 다 배울 수는 없지만, 한두 가지 관심분야에 대해 따지고 물어 들어가다 보면 상당히 깊이 있는 지식을 쌓을 수 있습니다. 공부의 요령 또한 터득할 수 있지요. 물론 선생님뿐 아니라 백과사전이나 부교재를 통해 궁금증을 풀어가도 좋습니다.

|3단계 | 노트정리를 잊지 마세요

대개의 경우 노트정리를 잘하는 아이들이 공부도 잘합니다. 노트정리란 자신이 갖고 있는 지식을 창고에 잘 쌓아두는 일입니다.

수업을 들어서 이해한 내용은 반드시 머릿속에 담아 기억해두
어야 합니다. 그런데 기억력이라는 건 그다지 믿을 게 못 됩니
다. 그래서 노트정리가 필요한 거지요.

|4단계| 시험을 통해 공부의 방향을 정하세요

학교 시험의 원래 목적은 각자의 실력이 어느 정도인지 진단하
는 데 있습니다. 수학시험을 보았다면 원리이해가 부족한 건
지 아니면 계산력이 부족한 건지, 자신의 문제점을 정확하고
냉정하게 판단해봐야 합니다.
다른 과목도 마찬가지입니다. 시험 결과를 공부의 방향을 잡
는 길잡이로 활용하세요.

|5단계| 목표 없는 난파선이 되지 마세요

공부를 하는 데 있어 목표가 없다면 목적지 없이 항해하는 배
처럼 결국에는 표류하게 됩니다. 이때 목표는 '전교 1등'이나
'평균 95점'이 아닌 자기가 이루고자 하는 꿈을 말합니다.

1단계에서는 선생님과 학생의 몫이 반반이지만, 나머지 네 단
계에서는 학생의 역할이 전적으로 중요합니다. 이는 곧 수업
에서 선생님의 역할이 10%라면 학생의 역할은 90%를 차지한
다는 뜻이지요.

우등생과 열등생은
휴지 한 장 차이

누구나 우등생을 꿈꾸지만 아무나 우등생이 되는 것은 아니다. 우등생과 열등생은 분명 차이가 있다. 그러나 사람들이 흔히 생각하는 것처럼 그 차이가 큰 것은 아니다. 휴지 한 장쯤 될까? 열등생도 되어보고 우등생도 되어본 나 정인이의 생각이니 믿어도 좋을 것이다.

어느 날 아빠는 우리 세 자매가 모인 자리에서 여느 때처럼 엉뚱한 질문을 던졌다. 우등생과 열등생의 차이를 정확하게 대보라는 것이었다.

우리 세 자매는 생긴 것도 각각이듯이 가지각색의 의견을 내놓았다.

"우등생은 교과서 위주로 철저히, 그리고 천천히 공부하지만, 열등생은 문제집만 대충 풀어요."

"우등생은 학교수업 위주로 공부하고, 열등생은 학교진도와 상관없이 늘 처음부터 공부해요. 그래서 한 단원도 제대로 진도를 나가지 못한 채 늘 제자리죠."

"우등생은 원리부터 이해하려고 노력하지만, 열등생은 모르는 내용도 외우는 것 하난 열심이죠."

"맞아요. 열등생은 깊이 생각하려고 들지 않아요. 시험이 닥치면 잠시 암기에 매달리지만 대부분은 그것조차 포기하고 노는 데 열심이에요."

"우등생은 교과서나 책을 펼치면 제목부터 살피면서 목차를 이해하려고 하는데 열등생은 제목이나 목차 따위에는 관심조차 없어요."

　“우등생은 시험기간 중에 1분 1초도 아껴 쓰지만, 열등생은 다음 시험 때부턴 열심히 공부해야지라고 생각해요.”

　“공부할 때는 눈에서 레이저빔이 나와야 한다고 아빠가 그러셨잖아요? 그 말씀이 맞아요. 우등생은 수업시간에 적극적이고 눈빛이 이글이글 빛나요. 반면 열등생은 쉬는 시간에는 활동적이다가도 수업시간만 되면 조용히 딴 짓을 하죠. 눈빛도 흐리멍덩하고요.”

　“우등생은 틀린 문제는 웬만하면 또 틀리지 않는데, 열등생은 맞았던 문제까지 틀린다니까요.”

　다들 아는 척하느라 바빴지만 그렇다고 해서 우리 세 사람이 늘 우리가 알고 있는 우등생처럼 공부하는 것은 아니었다. 특히나 불과 몇 년 전까지만 해도 열등생의 모든 조건은 다 갖추고 있던 내가 아닌가. 어쩌면 그 전엔 내 자신이 열등생인 이유조차 모르고 있었다는 것이 우등생이 된 나와 가장 큰 차이이지 싶었다. 사실 그땐 그 이유를 알려고도 하지 않았다.

　결국 공식은 간단하다. 열등생의 습관을 거꾸로 따르면 우등생이 된다. 반대로 우등생의 습관을 지키지 않으면 열등생이 된다. 동전의 양면 같지만 실은 그 차이는 아주 사소한 태도에서 비롯된다.

　어른들은 흔히 열등생은 머리가 나쁘다고 생각한다. 그러나 열등생 치고 머리가 나쁜 아이는 극히 드물다(심하게 지능이 모자란 경우를 제외하고는 말이다). 오히려 열등생들의 특징은 머리가 너무 좋다는 데 있다. 잠깐 공부했는데도 쉽게 이해되는 듯하니 몇 번씩 반복해서 보려고 않는데다, 답을 틀려도 몰라서가 아니라 실수였다고 생각하니 같은 실수를 반복하기 일쑤다.

반면 우등생은 조금은 머리가 모자라 보일 만큼 미련한 구석이 있다. 알 것 같은 문제라도 완전히 이해가 될 때까지 파헤치려고 하질 않나, 한번 틀린 문제는 다시 틀리지 않기 위해 비슷한 유형의 문제를 몇 번이고 풀어본다. 결국 생각과 태도의 작은 차이가 우등생과 열등생을 결정 짓는 것이다.

우리 세 사람의 결론은 어쩌면 우등생과 열등생의 이야기만이 아닐지 모른다. 세상을 살아가는 태도 역시 이런 차이에 따라 전혀 다른 인생을 여행하게 되지 않을까?

| 노무현 |

나는 포기를 배우지 않았다

애들아, 잘 알려졌다시피 노무현 대통령은 고등학교만 졸업했단다. 그런 그가 명문대학 법학과를 나와도 합격하기 어렵다는 사법고시에 합격한 비결은 무엇이었을까?

노 대통령은 경남 진영의 가난한 농가에서 태어났단다. 대학에 들어갈 나이가 되었을 즈음, 가정형편은 그야말로 말이 아니었지. 부산상고 장학생으로 고등학교에 입학, 대학진학을 염두에 두고 있던 그 무렵 부모님은 이미 예순이 넘은 나이라 작은 형이 힘든 직장을 전전하며 생활비를 부담하고 있었지. 그러니까 대학진학은 엄두도 못 낼 수밖에. 그래서 결국 취직반에 들어갔단다.

고등학교를 졸업하자 우선 작은 개인회사에 취직했단다. 생계를 위해서였지. 노 대통령이 여기서 안주했다면 그는 그저 평범한 직장인이 되었을 거야. 그러나 그의 가슴속에는 열망이 꿈틀거리고 있었어. 사법고시에 합격해서 정의로운 세상을 만들고 싶다는 꿈이 그것이었지.

야산 돌밭을 개간하여 심은 고구마와 영세민 취로사업장에서 내주는 밀가루로 연명하던 부모님은 그가 직장을 그만두고 고시공부를 하겠다고 했을 때 실망이 이만저만이 아니었단다.

하지만 그의 열망은 아무도 막을 수가 없었어. 그는 1달 반 치의 급료인 6천원으로 몇 권의 책을 산 다음, 마을 건너편 산기슭에 손수 토담집을 지어 '마옥당(磨玉堂)'이라 이름 붙이고 본격적인 시험공부에 들어갔단다.

그러나 불운은 그치지 않았어. 한번은 책값을 벌겠다고 나간 공사장에서 막노동을 하다 이가 3개나 부러지고 턱까지 찢어지는 사고를 당했지. 그에게 고시의 꿈을 불어넣어주던 큰형님마저 불의의 사고로 세상을 등진 데 이어 아내는 출산으로 인해 몸을 추스르지도 못했단다. 하지만 어떤 악조건도 그의 공부를 막지는 못했지.

10시간 이상 공부하는 건 예사인데다 일단 책상에 앉았다 하면 무서운 집중력을 발휘했지. 머리가 혼란해지거나 잡념이 생길 때는 책을 보면 머리가 맑아지고 안정이 되었다는 거야. 그러나 일단 책을 떠나면 고시는 깨끗이 잊었지. 너희랑은 조금 다르다 싶지? 너희는 공부할 때와 놀 때가 구분이 안 되는데 말이야.

심지어 집중력을 높이려고 한쪽 눈썹을 밀기도 했단다. 한

쪽 눈썹이 다 자라면 또 다른 쪽을 밀면서 오로지 공부에만 전
념한 거야. 그런 노 대통령의 공부비결을 요약한다면 무서운
집중력과 해내겠다는 의지를 꼽을 수 있겠지. 노력하고 또 노
력하는 자세가 바로 대통령 노무현을 만든 거란다.

　자, 우리 딸들. 노 대통령의 공부법을 들으면서 무엇을 느꼈
니? 그래, 공부를 하겠다고 마음먹으면 하늘이 무너져도 무섭
게 집중해야 한단다. 너희 역시 큰 꿈들을 가지고 있으니 꼭
한번 실천해보렴.

잘못으로부터 교훈을 얻어라

　이번엔 빌 게이츠에 대해서 얘기해줄게. 마이크로소프트사의 빌 게이츠 회장은 우리가 흔히 사용하는 컴퓨터의 운영체제인 윈도우를 만든 장본인이란다. 세계 최고의 거부이기도 하지만, 빌 게이츠 재단을 통해 자선활동을 가장 많이 하는 사람이기도 하지.

　빌 게이츠는 또한 수많은 명언을 남기기도 했어. 그는 특히 공부가 우리 삶에 있어 우선적인 요소라고 믿었지.

　언젠가 빌 게이츠가 미국의 한 고등학교에서 강의한 10가지 조언이 유행처럼 번졌단다. 그 말이 실은 다른 사람의 책에 실린 이야기라고 해서 논란이 일긴 했지만, 너희가 앞으로 살아가고 공부하는 데에는 도움이 될 것 같구나. 한번쯤 읽어보고 너희가 느낀 바를 아빠에게 이야기해주렴.

1. 인생이란 원래 공평하지 못하다. 그런 현실에 대해 불평하지 말고 받아들여라.

   Life is not fair, get used to it.

2. 세상은 네가 자신을 어떻게 생각하든 상관하지 않는다. 세상은 네가 스스로 만족을 느끼기에 앞서 무엇인가 성취해서 보여줄 것을 기대하고 있다.

   The world won't care about your self-esteem. The world will expect you to accomplish something before you feel good about yourself.

3. 고등학교를 졸업하자마자 4만 달러의 연봉을 줄 수 있을 거라고 기대하지 마라.

   You will not make $40,000 a year right out of high school.

4. 학교 선생님이 까다롭다고 생각되거든 사회로 나가 직장 상사의 진짜 까다로운 맛을 한번 느껴보라.

   If you think your teacher is tough, wait till you get a boss.

5. 햄버거 가게에서 일하는 것을 수치스럽게 생각하지 마라.
너희들의 할아버지는 그 일을 기회라고 생각했다.
Flipping burgers is not beneath your dignity. Your
grandparents had a different word for burger flipping.
They called it opportunity.

6. 네 인생을 네가 망치고 있으면서 부모를 탓하지 마라. 불평
만 일삼을 것이 아니라 잘못으로부터 교훈을 얻어라.
If you screw up, it's not your parents' fault so don't
whine about your mistakes. Learn from them.

7. 학교는 승자나 패자를 뚜렷이 가리지 않을지도 모른다. 하
지만 현실은 그렇지 않다. 낙제제도를 아예 없앤 일부 학
교에서는 정답을 말할 기회를 얼마든지 줄 것이다. 그러나
현실은 이와 전혀 다르다는 것을 명심하라.
Your school may have done away with winners and
losers, but life has not. In some schools they have
abolished failing grades and they'll give you as many
times as you want to get the right answer. This bears
no the slightest resemblance to anything in real life.

8. 인생은 학기처럼 구분되지도 않고 여름방학이란 것도 없다. 직장에서는 네가 스스로 알아서 하지 않으면 안 된다.

Life is not divided into semesters. You don't get summers off and very few employers are interested in helping you find yourself.

9. TV는 현실과 다르다. 현실에서는 커피를 마셨으면 곧장 일을 시작해야 한다.

Television is not real life. In real life people actually have to leave the coffee shop and go to jobs.

10. 공부밖에 할 줄 모르는 '바보' 한테 잘 보여라. 사회에 나와서는 그 바보 밑에서 일하게 될지 모른다.

Be nice to nerds. Chances are you'll end up working for one.

누구나 우등생이었다고 우기는 초등학교 시절

내 성적은 중위권을 맴돌았다.

중국 유학을 떠나서도 말 한마디 할 줄 모르는 나를

중국 친구들은 아무도 상대해주지 않았다.

그러던 내가 14살의 나이에 13개 대학교에 합격하고,

장학금 제의까지 받게 된 것은

특별한 비결이 있어서가 아니다.

난 단지 최연소 중국어 교수가 되고픈 꿈을 한시도

잊지 않았던 것뿐이다.

나 손다빈, 호남대학교 중국어과 07학번, 나이는 15살. 겉으로는 명랑 쾌활해 보이지만 솔직히 남 앞에 나서는 건 싫어한다. 그러나 일단 친해지고 나면 상대방에 대한 호기심도 강해지고 말도 많아진다.

정상적인 교육과정 대신 검정고시를 택한 건 쉽지 않은 결정이었다. 하지만 보다 일찍 꿈을 이룰 수 있는 길이 있다는 사실을 안 이상 주저할 이유가 없었다. 2005년 8월 3일 고등학교 입학자격 검정고시에 합격한 나는 지난해 4월 5일, 고등학교 졸업 검정고시에도 합격했다.

대학에서 같이 공부하는 언니 오빠들은 적어도 5살 이상 나이가 많다. 그래서 한동안은 대학생활에 적응하기가 쉽지 않았다. 언니 오빠들이 나와 정인 언니를 어린아이 취급하는 바람에 맘이 살짝 상할 때도 있었다. 하지만 성숙하게 행동하고 거리감 없이 어울리려고 노력한 덕분인지 언니 오빠들도 어느새 나를 15살 여자애가 아닌 어엿한 동기로 인정해주기 시작했다.

사실 고등학교를 졸업하고 제 나이에 입학한 언니 오빠들과는 우린 생각도, 감성도 다를 수밖에 없다. 어쩌면 같은 과 언니나 오빠들이 나와 정인 언니를 배려하느라 우리보다 더 힘들지도 모른다. 조금 일찍 대학에 들어온 것뿐인데 언니 오빠들에게 공연히 피해를 주지 않았으면 하는 바람이다.

이런 걱정만 잊는다면 나는 지금의 현실과 대학생활을 즐기기에 바쁘다. 일찍 입학했다는 사실에 얽매이지 않고 하고 싶은 공부를 마음껏 하며 여행도 다니고 동아리 활동도 열심히 하고 있다. 특히 요즘은 봉사활동에 취미가 붙어 시간 가는 줄 모른다. '사람들이 이래서 봉사활동을 하는구나' 하는 생각은 물론, 깨닫는 게 한두 가지가 아니다.

내 꿈은 최연소 중국어 교수가 되는 것이다. 중국어과를 선택한 건 그 꿈의 첫 단추를 채우는 일이었다. 조기졸업 또한 염두에 두고 있다. 물론 최연소 교수가 된다는 게 그리 만만한 목표가 아님을 누구보다 잘 알고 있다. 하지만 중요한 건 꿈을 잃지 않고 열심히 나아가는 노력이라고 생각한다. 시도해보기 전에 포기한다면 인생이 너무 재미없지 않는가!

우리 학교의 경우 빠르면 4학년 1학기면 공부를 마칠 수 있다. 조기졸업을 한 후에는 1년 정도 미국이나 필리핀 쪽으로 연수를 다녀올 생각이다. 교환학생으로 외국에 나가는 방법도 있지만 더 깊이 있게 공부하기 위해서는 졸업 후에 외국어를 배우는 편이 낫다고 생각한다.

중국어를 공부하면서 왜 영어까지 배우려고 하는지 궁금해

하는 사람도 있다. 요즘 시대에 영어가 필수라는 건 누구도 부인하지 못할 것이다. 그러나 또 하나, 중국어 교수가 중국어만 잘하는 시대는 이미 지났기 때문이기도 하다. 나는 영어도 잘하고 중국어도 잘하고 일반상식도 뛰어나야 훌륭한 교수가 될 수 있다고 믿는다. 한발 나아가 대학원 공부는 꼭 중국에서 해 보고 싶다.

중국 강택민 서기는 중국 대학을 세계적인 명문대학으로 키우기 위한 정책으로 985공정을 지시했다고 한다. 이 계획에 포함된 대학은 북경대학을 비롯해 청화대학, 중국인민대학, 북경사범대학 등 모두 34곳이다. 지금 이 시각에도 그곳 대학에선 중국 수억의 인구 가운데 뽑힌 최고의 인재뿐 아니라 세계 각국에서 유학 온 학생들이 치열하게 자신의 실력을 갈고 닦고 있다.

언젠가 나도 그곳으로 날아가 중국의 학생들과 겨루고 싶다. 최고의 명문대학원에서 지금까지 공부했던 실력을 마음껏 펼쳐 보이고 싶다.

중국에서 박사학위를 받은 뒤에는 한국으로 돌아와 중국어를 가르치는 교수가 될 생각이다. 이 모든 꿈이 순조롭게 이루어진다면 아마도 25~26살 정도엔 교수가 되어 나와 비슷한 또래의 학생들을 가르치고 있을 것이다.

실제로 우리 학교에는 중국 호남성 호남대학교에서 교환교수로 건너온 25살의 여자 교수님이 있다. 나이가 어린데다 워낙 동안이어서 정인 언니와 나와 같이 다니면 우리 또래처럼 보일 정도다. 덕분에 우리와는 둘도 없이 친한 사이지만, 한편으론 라이벌 의식을 느낄 때도 있다. 머지않아 교수님을 능가하는 실력을 갖추고 싶다는 생각이 불끈 솟아오르는 순간이 바로 그때다.

유머 만점 아빠와
속 깊은 엄마

남들은 나를 특별하다고 여긴다. 하지만 나로서는 내가 어딜 봐서 특별한 건지 도무지 모르겠다. 사람들은 15살에 대학에 들어갔다고 하면 이내 신기한 표정으로 나를 바라본다. 그리곤 이렇게 묻는다.

"와, 대단하네! 어떻게 그렇게 공부를 잘하니? 무슨 특별한 비결이라도 있는 거니?"

사실 난 처음부터 공부를 잘하진 못했다. 초등학교 저학년 때만 해도 공부를 제법 잘한다는 소리를 들었지만 엄마와 아빠가 이혼을 하면서 성적이 곤두박질쳤다. 그렇다고 해서 성적이 추락한 게 순전히 부모님의 탓만은 아니다. 단지 내게 닥친 불행을 핑계삼아 공부할 의욕을 잃었다는 쪽이 정확한 표현일 것이다.

이후 성적은 반에서 중간 정도에 머물렀다. 아주 뛰어나지도, 그렇다고 하위권도 아닌 어중간한 성적이 계속됐다. 그러다 지금의 아빠와 엄마가 재혼하면서부터 나도, 성적도 안정을 되찾기 시작했다.

지금의 아빠는 나에게 많은 선물을 가져다준 분이다. 비록 나를 낳아준 친아빠는 아니지만 정을 붙이고 사는 동안 내 인생에 있어 큰 의미가 되어주었다. 아빠가 있었기에 지금껏 나는 행복한 지붕 아래서 즐겁게 공부할 수 있었다.

예전엔 좀처럼 웃는 일이 없던 엄마도 이제는 화사하게 웃을 때가 많다. 항상 불안하고 왠지 안정감을 느끼지 못하던 내가 늘 편안해진 것도 아빠와 새 가족이 준 큰 선물이다.

아빠에 대한 불만이 전혀 없는 것은 아니다. 가끔은 아빠의 의견을 우리에게 지나치게 강요한다는 생각이 들 때가 있다. 하지만 그만한 불만은 눈감아줄 수 있을 만큼 우리 눈높이에서 친구가 되고자 노력하는 분이 바로 우리 아빠다.

아빠는 유머감각이 아주 뛰어나다. 가끔은 무지하게 썰렁한 농담으로 온 집안을 펭귄으로 가득 채우지만 그 역시 우리에게 다가오려는 노력임을 알기에 일부러라도 밝게 웃어드린다. 그러면 아빠도 뿌듯한 듯 또다시 새로운 웃음거리를 찾아내곤 한다.

엄마를 생각하면 제일 먼저 미안한 마음이 앞선다. 특히 우리 가족이 중국에 가 있는 동안 엄마의 헌신은 말로 다할 수

없었다. 낯설고 말조차 제대로 통하지 않는 이국땅에서 공부
에 전념할 수 있었던 것은 모두 엄마의 보살핌 덕분이었다.

　엄마는 얼마나 마음고생이 심했을까? 우리 세 자매를 두고
먼저 귀국한 엄마는 일부러 전화조차 안 했다고 한다. 행여 우
리 세 자매가 엄마 생각에 힘들어하지 않을까 하는 걱정 때문
이었다. 그러나 정작 엄마는 우리 자매들을 생각하며 많은 눈
물을 흘렸다고 한다.

　엄마는 그런 분이다. 겉으로는 뚝뚝하지만 속정은 너무나
깊어 강물처럼 넘치는 엄마……

우등생이 되기 위해 넘어야 할 벽

    내 성적은 늘 중간 정도를 오르내렸다. 그런 내가 안타까운 듯 엄마는 가끔 푸념처럼 말씀하곤 했다.

    "저학년 땐 엄마의 역할이 중요한데, 그땐 이 엄마가 심경이 복잡해서 너를 제대로 챙기지 못한 것 같아 늘 미안하구나."

    그런 말을 들으면 나 역시 엄마에게 미안함을 느꼈다. 물론 공부 잘하는 친구들 중엔 부모님이 숙제나 읽어야 할 책까지 꼼꼼히 챙겨주는 경우가 많았다. 반면 집안환경이 어수선한 아이들은 아직 나이가 어려서인지 힘든 표가 꼭 나곤 했다. 그렇다고 해서 내 성적이 늘 같은 자리를 맴돈 것이 엄마 탓이라고 생각해본 적은 단 한 번도 없다.

    중위권이라는 성적이 항상 불안한 건 사실이다. 그다지 열심히 공부하려는 의욕은 없지만 그렇다고 아주 안 하자니 걱

정 많은 아이들이 하나둘은 아니니까. 결국 시험 때만 반짝 공부하는 아이들의 반짝 하는 성적인 셈이다.

이도 저도 아닌 중위권을 벗어나기 위해 노력하기 시작한 것은 지금의 아빠와 엄마가 재혼을 하면서부터다. 아빠는 나의 어중간한 성적이 영 못마땅한지 자주 꾸짖곤 했다.

"나는 우리 다빈이가 공부에 대한 열의로 넘치거나 아니면 아예 공부를 못하는 대신 다른 특기가 있었으면 좋겠어. 성적이 중간 정도라고 해서 뭐라고 하는 게 아니야. 어느 무엇에도 열의가 없는 것 같아서 아빠는 그게 속상해."

처음엔 공부 잘하는 빈희 언니와 나를 비교하는 말인 것 같아 꽤나 서운했다. 그런데 점차 그 말이 나를 위한 아빠의 진심임을 깨닫게 되었다. 그러자 오기가 생겼다.

'빈희 언니처럼 우등생이 된다면 아빠도 나를 다시 보겠지? 다빈이도 열심히만 한다면 뛰어난 아이가 될 거라고 칭찬해주실 거야.'

생각만 해도 신나고 우쭐한 일이었다. 하지만 성적이란 게 말이나 의욕만큼 쉽게 오를 리 없었다. 그렇다면 도대체 뭘 어떻게 해야 하지? 곰곰이 생각해봤지만 무엇부터 시작해야 할지 막막하기만 했다.

마침 내가 공부에 대한 열의로 들끓고 있다는 것을 눈치 챈 엄마가 손을 내밀어주었다.

"다빈아, 우선 다른 공부는 제쳐두고라도 지금까지 해온 대로 한자와 논술, 그리고 독서공부를 좀더 열심히 해보는 게 어때? 그 세 가지는 갑자기 결과가 나타나진 않지만 꾸준히 공부하면 분명히 성적도 오를 거야."

엄마는 중학교에 가면 공부해야 할 과목이 늘어나 독서는 물론이고 한자와 논술공부에 시간을 내기가 쉽지 않을 거라고 했다. 이왕이면 초등학교 때 기초를 다져두는 편이 낫다는 얘기였다.

그렇지만 나는 한자공부가 정말 싫었다. 오로지 외울 것투성인데다 요즘 같아선 웬만한 교과서나 책에서도 한자를 찾아보기 힘들다는 사실을 엄마 역시 모를 리 없었다. 그런데 왜 그렇게 한자공부에 열을 올리는 걸까?

나의 의문은 훗날 검정고시를 준비하면서 간단히 풀렸다. 교과서나 참고서를 공부할 때는 물론이고 문장의 뜻을 파악하는 데에도 한자는 훌륭한 길잡이 노릇을 했다. 게다가 중국어 공부의 기본기 역시 한자가 아닌가. 아마 그때 미리 한자공부를 열심히 안 해두었더라면 두고두고 힘들고 골치 꽤나 아팠을 게 분명하다.

독서와 논술이라고 해서 만만하게 여겼던 건 아니다. 특히 책을 읽고 나서 내 생각을 보태고 표현해야 하는 논술은 절대 친해지기 힘든 공부였다. 독후감을 쓴답시고 책상에 앉아 있으면 5줄도 못 넘기고 머리카락만 만지작거렸다. 혹시 길게 썼다 싶으면 여기저기에 중언부언이 눈에 띄었다.

내 독후감을 읽고 난 엄마의 평은 이러했다.

"글짓기는 하루아침에 실력이 늘지 않으니까 너무 조급하게 생각하지 않는 게 좋아. 중요한 건 자신의 생각을 솔직하게 쓰는 거야. 다빈이는 너무 잘 쓸려고 하니까 오히려 한 말을 되풀이하게 되는 것 같아. 친한 친구한테 네가 읽은 책을 이야기해준다고 생각하며 써보렴. 그럼 글쓰기가 훨씬 쉬워질 거야."

엄마의 말씀대로 하자 내 작문 실력은 점점 나아졌다. 3달 만에 겨우 한 페이지 분량을 쓸 정도로 더디긴 했지만……

엄마는 내 작문 실력이 늘 때마다 정인 언니에게 그랬던 것처럼 스티커를 붙여주었다. 스티커가 모이면 내가 보고 싶은 책을 살 수 있는 용돈을 받았다.

내가 어떤 책을 사서 보든 엄마는 간섭하지 않았다. 그래서 처음엔 재미있는 책만 골라 보다가 나중에는 저절로 다양한 책을 찾게 됐다. 스티커 한 장 한 장이 글쓰기와 책읽기 습관 모두를 내 안에 심어준 셈이다.

내 라이벌에겐
뭔가 특별한 게 있다

인생을 살다 보면 누구에게나 라이벌이 생기게 마련이다. 또래 아이들보다 일찍 학교를 그만둔 나에게는 마땅히 라이벌이 없었다. 그러다 문득 내 가까이에 정말로 막강한 라이벌이 있다는 사실을 발견했다. 바로 빈희 언니였다. 같은 엄마한테서 태어났는데도 빈희 언니와 나는 여러 가지 점에서 달랐다.

빈희 언니는 초등학교 1학년 때부터 못하는 것이 없었다. 노래면 노래, 피아노면 피아노, 게다가 수학경시, 글짓기, 사생대회까지 나가는 족족 상을 타 오곤 했다. 똑같은 대회에 나가도 언니는 무조건 일등만 했다. 나는 아무리 기를 쓰고 열심히 노력해도 장려상이 전부인데……. 샘이 나기도 하고 내 능력은 이것밖에 안 되나 싶어 화도 났다.

질투심마저 꺾이고 나자 열등감에 시달렸다. 나는 어딘가 모자란 걸까? 엄마가 혹시 나를 주워온 건 아닐까? 그런 엉뚱한 생각까지 하게 된 가장 결정적인 이유는 빈희 언니가 별다른 노력 없이 척척 상을 탄다고 여겼기 때문이다.

한번은 한국어문회에서 주최하는 한자자격 검정고시에 응시한 적이 있다. 나는 3급을 지원했고 언니는 2급에 지원했다. 그러나 이번에도 언니는 합격, 나는 불합격이었다. 처음으로 도전한 대외적인 시험에서 떨어진 데 대한 분함 못지않게 딱히 열심히 공부하는 것 같지 않던 언니가 합격했다는 사실도 참 이해할 수 없었다.

그러다 우연히 언니와 이야기를 나누면서 어떻게 모든 시험마다 좋은 성적을 받을 수 있는지 그 비밀을 알게 되었다. 사실 특별한 비결 따윈 없었다. 언니는 평소 벼락치기 공부라는 것을 몰랐다. 평소든 시험기간이든 똑같이 계획을 세워서 꾸준하게 공부하는 스타일이었다.

그러다 보니 남들 눈에는 공부에 전력을 다하는 것처럼 보이지 않을 뿐이었다. 하지만 공부를 해본 사람은 누구나 알 것이다. 매일 주어진 시간에 계획한 공부를 꾸준히 계속 한다는 것이 얼마나 어려운 일인지를.

언니는 또한 자신이 공부하는 이유를 한순간도 잊지 않았다. 무엇을 공부하든 늘 미래의 목표를 염두에 두고 있었다. 한자급수 시험을 앞두고 내가 합격 그 자체에 연연해하고 있는 동안에도 언니는 대학입학을 위한 유리한 옵션이자 장차

떠날 중국 유학에 대한 준비라 생각하고 한자공부에 임했다.

언제나 누구보다 많은 시간과 노력을 투자하고 그만큼의 정직한 결과를 얻어온 셈이었다. 그런 줄도 모르고 언니를 마치 동화 속 주인공처럼 운 좋은 행운아인 양 부러워하고 시샘이나 했으니, 나는 그야말로 게으른 투정꾼에 지나지 않았던 것이다.

언니는 자신을 표현하는 능력에 있어서도 나와 확실히 다른 구석이 있다. 우리 자매가 SBS의 '진실게임'에 출연한 이후 언니에게는 팬카페가 생겼다. 그 덕에 손범수 아저씨가 진행하는 EBS의 '지식다락방'이라는 프로에 6개월간 출연하기도 했다. 하지만 똑같이 진실게임에 출연한 나는 팬카페는커녕 얼굴을 알아보는 사람조차 없었다.

아빠는 농담삼아 말하기를, "다빈아, 너는 안티팬이 안 생긴 것만 해도 다행인 줄 알아야 한다. 그렇게 연기가 어설펐는데 방송 도중 안 쫓겨난 게 어디냐. 그러니까 다른 프로에서 섭외가 안 들어오더라도 너무 서운하게 생각하지 마" 하고 웃었다.

실은 팬카페가 안 생기거나 다른 프로에 출연할 기회가 없었던 점은 서운하지 않았다. 나는 스스로에 대해 자신이 있으니까. 그런데 기회가 주어지면 재능을 충분히 발휘할 수 있을 거라는 기대와 달리 실상은 그러지 못했다.

물론 언니가 나보다 더 호감 가는 외모를 가지고 있긴 하지

만 그것만이 매력을 끄는 이유는 아닐 것이다. 언니는 무엇보다 기회가 주어질 때 자신의 장점을 자신 있게 드러내어 사람들의 마음을 사로잡을 줄 안다.

나나 언니들은 탤런트나 연예인이 되고 싶은 마음은 없다. 하지만 어떤 순간에서도 자신의 매력을 드러내고 당당해질 수 있다면 살아가는 데 있어 큰 장점이 되리라 생각한다. 그런 점에서 봐도 빈희 언니는 나의 좋은 스승이자 라이벌이기에 충분하다.

나는 한때 막내라는 이유로 언니들에게 의지하는 버릇이 있었다. 도서관에 갈 때도, 공부할 때도 언니들이 먼저 해야 따라하곤 했다. 하지만 빈희 언니를 잠정적인 라이벌로 정한 이

후부터는 언니에게 의지하는 버릇을 고치려고 노력했다.

솔직히 빈희 언니 입장에서는 나를 라이벌로 받아들여줄는지나 모르겠다. 하지만 언젠가는 언니들이 나 때문에 바짝 긴장하는 날이 올 것이다. 기대하시라, 그날을!

상위권으로 가는 실력 탄탄 공부법

1. 문제집을 풀기 전에 철저히 교과서를 이해한다

한때 교과서보다는 문제집 위주로 공부하는 습관이 있었다. 나중에 깨달은 사실이지만 그런 식의 공부는 기초공사 없이 덜렁 집을 지은 것과 다를 바 없다.

부모님은 교과서를 소설책 읽듯이 여러 번 읽고 또 읽으라고 강조했다. 반신반의했던 교과서 읽기 훈련은 그러나 기대 이상의 효과를 가져왔다.

교과서를 이해하고 문제를 푸느냐, 문제집으로 직행하느냐는 결국 상위권으로 향할 것인가, 중위권에 머물 것인가를 결정하는 갈림길이 되었다.

2. 3개의 문제집보다는 한 문제집을 3번 정도 반복해 푼다

문제집을 처음 풀 때는 우선 문제집이 아닌 공책에 답을 적어 두었다가 채점해보자. 두 번째까지도 마찬가지다.

그렇게 3번쯤 같은 문제를 반복해 풀다 보면 처음엔 80점이던 점수가 90점, 100점으로 향상되는 것을 확인할 수 있다. 3번쯤 풀어 100점에 가까운 만족스러운 결과가 나오면 다음 문제집으로 넘어가도 좋다.

3. 자주 틀리는 문제는 교과서와 참고서로 다시 복습한다

자주 틀리는 문제는 정확하게 이해하지 못했거나 자기 것으로 완전히 만들지 못한 경우가 대부분이다. 풀이를 들여다보면 이해가 되는 것 같지만 조금만 달리 응용한 문제가 나오면 또 다시 틀리고 마는 실수가 반복된다.

그럴 때는 교과서와 참고서로 처음부터 돌아가 반드시 확인하고 넘어가는 것이 좋다.

4. 문제를 푼 뒤에는 보기 하나하나가 왜 맞고 틀린지를 정확하게 확인한다

문제를 풀 때 정답만 기억해두어서는 안 된다. 왜 다른 답은 틀린 건지, 그 문제가 우리에게 가르쳐주려고 하는 바가 무엇인지 반드시 파악해야 한다.

특히 확실한 정답이 눈에 띈다고 해서 아리송하다 싶은 보기나 답을 그냥 지나친다면 똑같은 문제를 만나지 않는 한 실수를 저지르기 쉽다.

이와 같은 분석적인 문제 풀이는 그저 답만 고르는 문제집 풀기에 비해 훨씬 많은 시간이 소요되지만, 문제 하나하나가 탄탄한 실력으로 쌓일 수 있다는 장점이 있다.

내 인생을 바꾼
중국 유학

"앞으로는 중국이 세계적으로 중요한 위치를 차지하게 될 게다. 우리가 중국에 가는 것은 중국어를 배우려는 목적도 있지만 중국이 도대체 어떤 나라인지 알기 위해서이기도 하다. 비록 힘은 들겠지만 중국에서 좋은 추억을 만들자꾸나."

중국으로 떠나기 전에 아버지가 했던 말씀이다.

나뿐만 아니라 우리 가족에게 있어 중국에서 지낸 3년은 잊을 수 없는 추억이자 인생의 전환점이었다. 때로는 눈물이 날 만큼 힘들고, 한국이 너무 보고 싶어 돌아가고 싶은 적도 있었다. 물론 재미있는 추억도 많았다. 그러나 중국에서의 유학생활이 우리에게 무엇보다 소중했던 것은 우리의 몸과 마음을 부쩍 자라게 해준 시간이었기 때문이다.

그 3여 년 동안 우리는 각자 꿈을 키우고 많은 사람들을 만

나며 생각의 폭을 넓혔다. 어려운 사람들을 보며 우리가 얼마나 가진 게 많은지 깨달았던 그곳에서 우리 가족은 하나가 되었고, 함께할 수 있어 늘 행복했다.

어디 그뿐인가. 집중력을 키워주겠노라 큰소리쳤던 아빠의 이른바 지옥훈련과 엄마의 자상한 학습지도는 공부다운 공부를 할 수 있는 정신과 태도를 갖추게 해주었다.

중국행 비행기에 올랐던 순간은 아직도 잊을 수 없다. 난생 처음 타는 비행기에 대한 두려움은 뽀얗게 잊어버릴 만큼 겁이 났다. 도대체 중국이라는 나라는 어떤 곳일까? 공산주의 국가라는데 사람들이 전혀 웃을 줄 모르면 어떡하지? 별의별 생각이 꼬리에 꼬리를 물었다.

고대로부터 우리와 밀접한 관계를 맺어온 중국은 문화적으로 비슷한 구석이 있는가 하면 전혀 다른 특징도 많았다. 국민성에 있어서도 한국 사람은 비교적 성격이 급한 반면 중국인 대부분은 느긋하면서도 친해지기 전까지는 속을 잘 드러내지 않는다고 했다.

한편으로는 중국에서 펼쳐질 생활에 대한 기대와 흥미도 버릴 수 없었다. 새로운 나라에서 새로운 친구들도 사귀고 그토록 배우고 싶었던 중국어를 확실하게 마스터할 수 있다니, 꿈만 같았다.

내가 중국에 대해 처음 관심을 갖게 된 것은 영어학원에 다니던 7살 무렵이었다. 어린 나이였지만 그때도 외국어 배우기를 좋아했던 것 같다. 하루는 수업 중에 새로운 학생이 들어왔다. 우리와 옷 입는 모양과 사용하는 언어도 다른 그 아이는 알고 보니 중국 혼혈인이었다.

책에서만 보던 중국인을 실제로 만난 것이 마냥 신기했던 나는 어떻게든 그 아이와 친해지고 싶었다. 그래서 학원에서 돌아오자마자 중국에 관한 책을 사달라고 엄마를 졸랐다.

엄마가 기꺼이 사준 책에는 중국에 대한 재미난 내용들이 가득했다. 영어도 한국어도 아닌 이상한 모양의 글자와 옷차림도 우리와 많이 달랐다. 그날부터 중국인 친구는 물론, 중국이라는 나라에 흠뻑 빠진 나는 짧은 중국어까지 연습해가며 학원 갈 날을 손꼽아 기다렸다.

드디어 그 아이를 만나는 날, 학원에 들어서는 순간부터 내 가슴은 쿵쾅쿵쾅 뛰기 시작했다. 천천히 중국인 친구에게 다가갔다.

"니 하오."

내 목소리가 너무 작거나 떨리지 않았을까. 하지만 그 친구는 미소로 답례해주었다.

"니 하오."

오, 세상에! 내 말을 알아들었나 보다. 하지만 그게 전부가 아니었다.

"너 중국어 인사도 할 줄 아는구나. 그런데 나 한국말 할 줄 알아. 한국에 온 지 벌써 3년이나 됐거든. 편하게 한국말로 해

도 돼. 시간 나면 내가 중국말을 가르쳐줄게."

이럴 수가! 드디어 나에게 중국인 친구가 생겼다. 게다가 너무너무 배우고 싶은 중국말도 직접 가르쳐주겠다니, 믿을 수가 없었다.

그날부터 우리는 절친한 친구가 되었다. 나는 궁금한 단어가 있을 때마다 친구에게 전화해 꼬치꼬치 묻곤 했다. 그런데 그게 좀 도가 지나쳤던 모양이다. 처음에는 친절하던 친구가 어느 날 정색을 하며 싫은 소리를 했다.

"다빈아, 그만 좀 물어봐. 어떻게 하루에 몇 번씩 전화하니? 나 엄마한테 혼났단 말이야. 그렇게 궁금한 게 많으면 네가 직접 중국으로 가서 배우면 되잖아!"

섭섭한 마음도 들었지만 한편으로는 오기도 생겼다. 나는 결심했다.

'그래, 좀더 크면 진짜 중국으로 건너가 중국어를 마음껏 공부할 테다!'

꿈은 이루어진다. 내가 진짜 중국행 비행기를 타고 중국으로 날아가고 있었다.

한국에서 전학 온
꿀 먹은 벙어리

무식하면 용감하다는 말이 있다. 아무것도 모르기 때문에 용감하다는 것, 중국어 한 마디 못하면서 유학을 떠난 나 역시 그랬던 것 같다. 나는 '칭원(실례합니다)'이라는 중국어의 가장 기본적인 인사말도 중국행 비행기 안에서 배웠다. 승무원 언니들이 승객들에게 말을 걸 때마다 "칭원" 하길래 그런 뜻이겠구나 짐작했던 것이다.

부모님은 무슨 생각에선지 그런 우리를 중국 아이들만 있는 학교에 입학시켰다. 학교에서 나는 벙어리나 다름없었다. 누군가 말을 시킬까봐 항상 겁먹은 채 거의 1달 동안 화장실에 가고 싶어도, 물을 마시고 싶어도 억지로 참기만 했다.

1년처럼 느껴지는 1달이 가자 더 이상은 견딜 수가 없었다. 그런 나와 반대로 빈희 언니는 학교생활이 즐거운 모양이었다. 빈희 언니는 매일 지겹도록 "쩐머 조우(어떻게 가니)?" "게이 워(내게 줘)"라는 말을 입에 달고 살았다. 며칠째 똑같은 말을 반복하는 언니가 짜증나서 하루는 벌컥 화를 냈다.

"언니, 왜 똑같은 말만 말하는 거야? 정말 듣기 싫어 죽겠어!"

"우리 반 아이들이 많이 하는 말이야. 재미있잖아?"

언니는 학교에서 귀에 자주 들어오는 말을 적어두었다가 과외 선생님께 물어본 다음, 입에 익을 때까지 우릴 상대로 연습을 했던 모양이었다.

우리 집에 또 하나 유행한 말은 '쪼밍 아(도와주세요)'였다. 조인성과 김사랑이 주연을 맡은 '남남북녀'라는 영화가 있다. 북한 여대생과 남한 대학생이 중국에서 만나 유적지 탐사를 하면서 사랑에 빠진다는 줄거리였다.

마침 그 영화의 촬영지가 우리가 한동안 살았던 연길이어서 관심 있게 봤는데, 조인성이 '청년호'라는 호수에 빠졌을 때 다급하게 외치는 말이 바로 '쪼밍 아'이다. 그 말은 의외로 쓸모가 많아서, 우리 집에서도 한때 인기를 누린 바 있다.

그나저나 빈희 언니의 말도 일리가 있긴 했다. 중국이라는 점을 감안하더라도 학교에서 자주 사용하거나 필요한 말은 정해져 있었다. 그런 말부터 닥치는 대로 외워두는 게 좋을 듯했다.

우선 필요한 문장을 쭉 정리해보았다.

화장실 가고 싶어(워 샹 취 츠어 수어).

지우개 빌려줄래(재 워 이샤 샹피)?

공책이나 연필 빌려줄래(넝 부넝 재 워 쳰비 후어즈어 비지번)?

같이 놀자(이치 왈 바).

같이 상점에 가서 과자 사 먹자(이치 취 상뎬 마이 빙간 츠바).

숙제가 뭐야(주어예 슬 선머)?

집에 같이 가자(이치 취 훼이 쟈바).

우리 집에 일요일에 놀러 와(싱치 산 라이 워쟈 왈바).

같이 체조하러 나가자(이치 취 주어 티 차오 바).

오늘 당번은 누구야(진 톈 더 즈르성 슬 세이)?

네 이름은 뭐니(니 쟈오 선머 밍즈)?

우리 친하게 지내자(워먼 하오하오 샹추우 바).

난 한국인이야(워 스 한 구어 런).

우리 집은 신라원이야(워먼 쟈 슬 신루어앤).

당장은 급한 말부터 외우고 기억이 잘 안 나는 건 수첩에 적어두었다. 몇 번쯤 사용하자 대부분 저절로 외워졌다.

그로부터 며칠 후, 수업시간에 갑자기 화장실이 가고 싶어졌다. 내 짝은 조선족이라 유창하진 않지만 한국말을 곧잘 해서 나 대신 선생님께 허락을 받아주곤 했다. 하지만 더 이상은 짝에게 의지해선 안 된다는 생각이 들었다. 짝이 없으면 나는 화장실도 못 갈 게 아닌가.

용기를 내어 손을 번쩍 들었다.

"라오스, 워 샹 취 처스워(선생님, 화장실에 가고 싶어요)."

선생님의 눈이 동그래졌다.

"다빈이, 이제 중국말 잘하는구나. 그래, 갔다 와라."

선생님은 내가 겨우 몇 마디 달달 외운 줄도 모르고 중국어 실력이 늘었다며 칭찬해주었다. 뭐 약간의 오해가 있긴 했지만 여하튼 기분 하난 좋았다. 아니, 화장실에 가면서 그렇게 유쾌하고 가슴 뛰게 우쭐한 적은 처음이었다.

만약 인생이 동화 같다면 그날 이후 나는 중국 드라마에 나오는 여주인공처럼 중국말도 잘하고 모두의 사랑을 한 몸에 받는 다빈이로 살았을 것이다.

하지만 현실은 달랐다. 칭찬 한번 받았다고 해서 악몽 같던 학교생활이 짠 하고 달콤해질 리 없었다. 고생문은 이제 막 열리기 시작하는 중이었다.

중국 아이들은
나만 싫어해

중국에 도착해 우리 세 자매가 다닌 학교는 연길이화소학교
(한족학교)였다. 선생님을 뒤따라 배정받은 교실로 들어갔을 땐
마침 수업이 끝난 쉬는 시간이었다. 아이들이 많지 않았지만
반갑게 맞아주리라 생각했다. 그런데 뭔가 이상했다. 아이들
의 시선이 따가웠다. 모르긴 해도 '뭐야, 쟤네들! 한국 애들이
왜 한족학교에 입학한 거야?' 라는 식의 불쾌한 눈빛임이 분
명했다.

중국어를 전혀 할 줄 몰랐던 나는 중국에 도착하자마자 모든
것이 두렵고 낯설기만 했다. 그래도 학교에 가서 친구들을 사
귀고 나면 금방 적응할 수 있을 거라고 스스로 위로했다.

하지만 아이들의 차가운 얼굴을 보는 순간, 잘못된 곳에 온
게 아닌가 싶어 불안해졌다. 수업이 시작된 뒤에도 아이들의

수군거림은 멈추지 않았다. 알아들을 순 없지만 내 얘기를 하며 뭔가 흉을 보는 것 같았다.

며칠이 지나면 나아질 거라는 기대도 여지없이 무너졌다. 아이들의 불신은 생각보다 깊었다. 당시 중국에서는 한국인에 대한 이미지가 그다지 좋지 않았다. 약한 사람을 잘 이용하고 폭력적이라는 편견 때문이었다.

나는 굉장히 활달하고 말도 잘할 것 같은 겉모습과 달리 낯선 사람에게는 말도 잘 못 붙인다. 게다가 말도 안 통하고 나를 싫어하기까지 하는 중국 애들에게 다가선다는 건 정말이지 두려웠다. 그렇다고 언제까지나 왕따로 지낼 순 없었다. 모종의 결심을 해야 했다.

언니들의 도움을 받아 사전에서 찾은 단어를 짜깁기해서 무작정 편지를 썼다. 중국 아이들에게 내 마음을 전하기 위해서였다. 한국에서 가지고 온 색연필과 사인펜도 뇌물삼아 함께 선물할 생각이었다.

그렇게 밤을 새다시피 고생해서 편지를 완성한 다음 날, 나는 떨리는 마음으로 아이들에게 편지를 건넸다. 그런데……! 아이들은 좋아하기는커녕 중국어를 제대로 쓰지도 못한다며 나를 비웃었다. 조금도 마음을 열지 않는 아이들에게 사인펜이니 색연필이니 선물을 줘봐야 좋아할 것 같지 않았다. 절망적이었다.

아이들의 묘한 눈초리에 짓눌러 학교에 다니는 일조차 버거

워졌다. 늘 기죽은 내 모습을 언니들이 눈치 채지 못할 리 없었다.

"손다빈, 너 요새 왜 그렇게 기운이 없어? 친구들은 많이 사귄 거야? 야, 왜 대답이 없어?"

한숨을 내쉬며 그동안 있었던 일을 털어놓자, 언니들은 눈이 동그래져서는 왜 진작 말하지 않았냐며 한마디씩 했다. 하긴 종종 중국인 친구들을 집에까지 데려오는 언니들이 내 심정을 어떻게 알까?

"언니들은 도대체 까다로운 중국 애들과 어떻게 친구가 된 거야?"

"글쎄, 적극적으로 친구들에게 말을 먼저 걸고 모르는 게 있으면 친구들에게 도움도 구하고 그랬지. 중국 아이들과 친해지기 힘든 건 사실이야. 그렇다고 포기하면 안 돼. 무엇보다 중요한 것은 너의 노력과 의지니까. 걔들이 너를 따돌린다고 불만만 늘어놓지 말고 네가 먼저 다가가봐."

언니들의 얘기가 맞는 것 같았다. 내 딴에는 애쓴다고 했지만 노력과 의지가 부족했는지도 모른다. 어쩌면 중국 친구들도 다른 나라에서 온 아이와 어떻게 친해질지 몰라 일종의 심통을 부린 게 아닐까?

언니의 이야기를 듣고 내 태도를 바꿔보기로 결심했다. 내가 먼저 다가가서라도 중국 친구들과 선생님들로부터 인정을 받고 싶었다. 한국이라는 나라에 대한 편견 역시 조금이나마 허물고 싶었다. 외국에 나가면 다들 애국자가 된다지만 나 역시 대한민국의 한 사람으로서 가슴속에서 뜨거운 뭔가가 꿈틀거리는 것을 느낄 수 있었다.

모두들, 두고봐라!

도통 모를
공자님 말씀

"애들아, 나 이거 잘 모르겠는데 좀 가르쳐주지 않을래?"

언니들의 충고에 자극받아 왕따에서 벗어나기 위한 작전에 돌입한 이튿날부터 나는 무슨 뜻인지도 모르면서도 아이들 말에 귀 기울이고 의문 나는 것이 있으면 뭐든지 열심히 묻곤 했다. 아이들은 그런 나에게 여전히 쉽게 마음을 열지 않았다. 특히 "중국인은 천재, 한국인은 바보"라고 나를 놀리고 욕할 때면 이를 악물고 공부에 열중했다.

하지만 단어만 외워서는 중국 아이들을 이길 수 없었다. 하루는 수업시간에 중국의 성인으로 추앙받는 공자의 사상을 배웠다. 중국말도 가뜩이나 어려운데 공자님의 사상이라니, 도무지 알아듣지도, 갈피를 잡을 수도 없었다. 선생님이 내준 숙제를 하자니 더더욱 난감했다. 할 수 없이 한 아이의 과제물을 그대로 베껴 냈다.

다음 시간, 그날따라 선생님이 내 숙제를 유심히 읽어 내려갔다. 우리 반의 유일한 한국인이 공자에 대해서 어떻게 생각하는지 궁금했던 모양이다.

"얘들아, 다빈이가 써 온 글 좀 볼래? 중국에 온 지도 얼마 안 된데다 중국어까지 서툰데도 작문은 너희들보다 잘 썼구나. 모두들 본받으렴."

이해도 못한 채 남의 글을 베꼈는데 칭찬까지 받다니, 쥐구멍에라도 숨고 싶은 심정이었다. 그때 내가 칭찬받는 것이 고까웠던지 한 남자아이가 벌떡 일어났다.

"선생님, 다빈이 작문은 자기가 쓴 게 아니에요. 진원하오가 쓴 글을 그대로 베낀 거예요."

순간 얼굴이 사과처럼 발갛게 달아올랐다. 그제야 상황을 파악한 선생님도 당황한 나머지 제대로 말을 잇지 못했다. 선생님께 대한 미안한 마음과 나를 일러바친 아이에 대한 원망이 뒤섞여 그날 수업은 어떻게 끝났는지 모르겠다.

덕분에 값비싼 교훈을 얻었다. 단어만 외운다고 해서 중국어를 잘할 순 없었다. 중국에 대한 폭넓은 이해와 상식이 필요했다. 더불어 하루라도 더 빨리 중국어를 알아듣고 싶은 욕심도 불타올랐다. 1시간 수업 가운데 10분밖에 설명을 이해하지 못하던 때였다. 귀가 뚫려야 말이 통할 수 있을 것 같았다.

그날 이후 친구들에게 무작정 말을 걸었다. 그야말로 앉으

나 서나 중국어만 생각했다. 그땐 정말이지 꿈조차 중국어로
꾸고 싶었다.

회화가 가능해지고 문법에도 익숙해지자 중국어로 된 소설
과 만화책을 읽기 시작했다. 그리고 몇 주 뒤, 공책에서 선생
님의 메모를 발견했다.

처음엔 다빈이가 아이들과도 어울리지 못하고 중국어도 늘지
않아 아예 포기한 줄로만 알았어요. 그런데 요 며칠 가만히 보니
다빈이의 어휘실력이 많이 늘었네요. 다빈이의 노력과 의지가 대
단한 것 같아요. 앞으로 더 전진하길.

같은 날 어문 선생님과 영어 선생님도 나를 앞으로 불렀다.

"한국에서 온 다빈이는 성격도 겸손한데다 숙제와 복습도
꾸준히 해 와서 선생님은 매우 기분 좋아요. 우리 모두 다빈이
를 위해 박수 한번 쳐줄까요?"

사실 중국어를 못 알아들었을 때는 선생님들도 그다지 나에
게 관심을 주지 않았다. 내가 치열하게 공부하고 선생님이 시
키는 대로 최선을 다한 순간부터 나를 눈여겨본 듯했다.

같은 반 아이들의 시선도 확연히 달라졌다. 무엇보다 기쁜
건 마음을 털어놓을 수 있는 친구들이 여럿 생겼다는 사실. 중
국 친구들은 사귀기가 어려워서 그렇지, 막상 친해지고 나면
무척 순수하고 마음도 너그러웠다.

중국에서 사귄 친구들과 나는 많은 추억을 만들었다. 학교에서 영화관람을 간 극장에서 몰래 싸 가지고 간 음식을 나누어 먹은 일, 수업시간에 교실을 빠져나와 땡땡이를 쳤던 일은 지금도 기억이 생생하다.

단짝으로 지냈던 체이슨과 로나의 안부는 특히 궁금하다. 아이들과 제대로 사귀지 못했던 시절, 체이슨은 내 둘도 없는 친구가 되어주었다. 학교공부에 필요한 자료나 준비물은 물론이고 마음까지 아낌없이 나누어주었다.

로라는 중국어를 알아듣지 못하는 나에게 힘내라며 격려의 편지를 써주었던 친구다. 이런 친구들이 있었기에 엄마 아빠가 우리보다 먼저 귀국한 다음에도 유학생활을 견딜 수 있었던 것 같다. 지금 그 애들은 어디서 무엇을 하고 있을까?

넘어지길 두려워하면
달릴 수 없다

다른 나라 말을 처음 배우다 보면 누구나 크고 작은 실수를 저지르게 마련이다. 나도 예외일 리 없었다. 중국어는 높낮이가 달라지는 성조에 따라 같은 말도 전혀 다른 뜻이 되기 때문에 특히 실수하기 쉽다.

중국어를 배운 지 얼마 되지 않아, 동네에 있는 슈퍼마켓에 갔다. 주인아줌마의 성격이 워낙 수더분해서 워낙 친하게 지내던 터였다. 그런데 그날 따라 아줌마가 불쑥 우리 엄마 얘기를 꺼내며 "니 마~"라고 하는 거였다.

순간 내 표정이 구겨졌다. '니 마 어쩌고' 하는 말은 중국인들 사이의 아주 심한 욕이었기 때문이다. 세상에 어떤 딸이 엄마 욕을 듣고서 참을 수 있겠는가? 나는 흥분해서 소리쳤다.

"아줌마! 왜 우리 엄마 욕을 하고 그러세요?"

어린아이의 앙칼진 대꾸에 아줌마는 잠시 어안이 벙벙한 듯했다. 그러고는 갑자기 큰소리로 웃기 시작했다. 중국어에서 '마'는 엄마를 뜻하는 동시에 심한 욕이기도 해서 외국인들이 종종 오해한다는 사실을 그제야 떠올린 모양이었다.

아줌마는 성조 차이를 설명해주면서 단지 엄마의 안부를 물었을 뿐이라고 해명했다. 민망해진 나는 얼굴이 후끈 달아올랐다.

중국어를 배우는 데 있어 성조는 그만큼 어려운 장애물이다. 내가 그랬던 것처럼 상대방의 말을 주의 깊게 듣지 않아서 오해할 수도 있지만, 반대로 말하는 쪽에서 실수하기 쉬운 부분이기도 하다.

그래서 중국어를 막 배우기 시작했을 때는 중국 친구들에게 이야기를 꺼내기가 여간 조심스럽지 않았다. 친구들과의 대화에도 쉽게 끼어들 수 없었다.

하루는 왕틴이라는 친구가 나에게 말을 붙였다.

"다빈아, 내가 보기엔 넌 아이들하고 이야기할 때마다 실수하거나 놀림받을까 봐 너무 겁내는 것 같아. 그런데 그럴 필요 없어. 솔직히 우리도 한창 말을 배울 때는 실수를 정말 많이 해. 중국인이라고 해서 꼭 말을 정확하게 구사한다고 생각하지 마. 다빈이 넌 중국에서 지낸 시간에 비해 정말 중국어를 잘하는 거야."

넉넉하게 웃는 왕틴의 모습을 보면서 나는 마음의 위안을 얻었다.

이제 와 생각해봐도 왕틴의 말은 틀리지 않다. 어떤 외국어든 마찬가지겠지만 중국어를 배우는 첫 번째 관문은 바로 실수를 두려워하지 않는 데서 출발한다.

요즘 우리가 즐겨 보는 '미녀들의 수다' 라는 프로그램에는 다양한 국가의 여성들이 나와 우리나라에서 겪은 문화적 차이나 말이 통하지 않아 생긴 여러 에피소드를 털어놓는다.

레슬리라는 흑인 여성을 제외하고는 대부분 한국어가 서툰 편이다. 어떤 출연자들은 더듬거리는 말이 제대로 들리는 말보다 훨씬 많다. 하지만 아무도 그 사람들을 이상한 눈으로 보지 않는다. 오히려 서툰 한국어를 들으며 모두들 즐거워한다.

어쩌면 중국인 친구들이 어색하게 말하는 나를 향해 웃었던 것도 그저 듣기에 재미있어서였는지도 모른다. 그런 줄도 모르고 혹시 나를 비웃는 게 아닐까 염려한 건 나의 오해라는 생각이 들었다.

그날 이후 나는 괜한 걱정과 피해의식에서 천천히 빠져나올 수 있었다. 실수를 두려워하던 마음의 짐을 벗고 나자 많이 서툴러도 부끄러움 없이 사람을 대할 수 있는 용기가 생겨났다.

TV 앞에서
흘린 영광의 눈물

싱가포르에 사는 이모는 영어를 배우기 위해 텔레비전을 항상 틀어놓고 귀가 열리도록 연습했다고 한다. 중국어를 배울 때 나도 같은 방법을 택했다. 특히 '만화 손오공'과 어린이 연속극은 하루도 빠뜨리지 않고 시청했다. 처음에는 눈으로 줄거리를 대충 짐작하곤 했지만, 나중에는 한마디 한마디씩 이해되는 장면이 많아지기 시작했다.

어느 날 외출하고 돌아온 아빠가 텔레비전 앞에서 울고 있는 우리 자매를 보고는 깜짝 놀라 물었다.

"아니, 너희들 지금 보고 있는 드라마가 무슨 내용인지 알기나 하고 우는 거니?"

우리는 앞 다투어 줄거리를 설명했다. 이혼한 이탈리아 여자와 그녀의 아들이 중국인 요리사인 새 남편과 아빠를 만나

북경에서의 새 삶에 적응해가는 이야기였다. 새 아빠를 맞은 남자아이가 우리와 비슷한 처지이다 보니 그만 눈물까지 난 것이었다.

아빠는 우리의 귀가 어느 정도 열리길 기다리고 있었다는 듯 얼마 뒤 중국인들만 사는 곳으로 이사를 감행했다. 한족들이 모여 사는 시장어귀라 새벽마다 목청을 높이는 장사꾼들의 소리에 저절로 잠이 깨는 곳이었다. 중국어엔 성조가 있어서 조금만 언성을 높여도 마치 싸우는 것처럼 들리기 때문에 알람시계가 따로 필요 없었다.

가끔씩 한국말이 그리워질 정도로 온통 중국어만 들리는 새 환경이 조금은 적적하기도 했지만 그야말로 살아 있는 중국어를 배우고 귀를 완전히 열 수 있는 절호의 기회였다. 한족들이 모여 사는 아파트라 한족 친구들과도 사귈 수 있다.

앞서 밝힌 대로 중국어에서 정확한 발음과 성조는 무엇보다 중요하다. 조금만 달리 해도 전혀 다른 표현이 되기 때문이다. 게다가 한족의 발음은 조선족과는 확연한 차이가 있다. 그래서인지 기껏 익힌 발음인데도 한족 친구들에겐 여전히 어설프게 들렸던지 또다시 놀림을 받았다.

그때마다 한국에서 유명한 영어강사의 말을 떠올렸다.

"무식하게 소리 내보세요. 입이 아프고, 혀가 빠질 정도로……. 그러면 발음도 교정되고 리듬도 따라잡을 수 있습니다."

친구들이 약올릴수록 오기가 발동한 나는 그들의 발음을 똑같이 따라하기 위해 갖은 애를 썼고, 덕분에 잘못된 발음을 많이 바로잡을 수 있었다.

귀가 열리고 발음에도 자신이 붙자 친구들과의 수다도 늘어났다. 친구와 만나 노는 시간이 우리에겐 생생한 공부였고, 그들 모두는 우리의 좋은 선생님이었다.

“너는 중국어가 왜 그렇게 좋으니?”

누군가 나에게 이렇게 묻는다면 그럴 듯하게 대답할 말은 없다. 처음에는 그저 중국 친구와 친해지고 싶어서 배우기 시작했고, 조금씩 중국어를 알아가는 동안에는 마치 노랫소리처럼 들리는 독특한 어조에 마음이 끌렸다. 나중에 그것이 중국어의 성조 때문이라는 걸 알게 되었지만, 그 사실을 모르던 시절에도 그저 듣기 좋았다.

우리나라 말도 훌륭하고 흥미롭긴 하지만 중국어로 배우는 한시나 소설은 유독 마음을 끄는 데가 있었다. 특히 어문시간에 나오는 이백과 두보의 시를 읽을 때면 마음이 고요해지거나 자연이 내 가슴속에 잔잔히 들어오곤 했다.

중국어의 매력에 빠지면서 한국에 돌아가 중국어를 가르치고 싶다는 새로운 목표가 생겼다. 그것은 곧 중국어를 더 열심히 배워야 할 이유이기도 했다. 또 다른 욕심도 있었다. 하루라도 더 빨리 중국어를 익혀 중국 대륙을 제대로 여행하고 싶었다.

당시 아빠는 무안이라는 지역에서 대학원 공부를 하고 있었다. 그래서 엄마와 우리 세 자매는 연길에서 지내야 했다. 우리 가족은 시간이 날 때마다 지역을 불문하고 놀러 가는 것을 좋아했는데, 아동절(보통 3~4일쯤 되는, 어린이날과 비슷한 중국의 휴일) 무렵에도 가까운 곳으로 놀러 가자는 의견이 나왔다. 이번 목적지는 연길에서 기차로 4시간 정도 걸리는 안도라는 곳이었다.

연길은 조선족 자치주라 중국말이 조금쯤 서툴러도 여행을 하거나 돌아다니는 데 조금도 불편함이 없다. 그러나 안도에서는 조선족을 찾아볼 수 없었다. 아직은 중국말이 많이 서툴 때였다. 그런데 사람들이 죄다 중국말을 쓰는 한족이다 보니 시장에 가서도 흥정은커녕 상인의 얼굴만 봐도 말문이 막혔다. 기껏 떠난 여행이 재미없을 수 밖에. 그때 나는 결심했다. 몇 달만 기다려라. 열심히 중국어를 배워 물건값을 팍팍 깎고 말겠다. 그래서 엄마를 깜짝 놀라게 해드릴 테다.

짧은 여정이었지만 중국어에 대한 열의를 북돋기엔 충분했다. 중국어를 빨리 익혀야 중국에서의 생활이 재미있겠구나 싶어 더 열심히 공부했다. 그리고 2달 뒤, 마침내 기회가 찾아

왔다. 큰 사원이 있는 돈화라는 곳에 가게 된 것이다.

'드디어 내 실력을 엄마에게 보여줄 수 있겠구나!'

돈화에 도착한 우리는 우선 숙소를 잡았다. 그동안 배운 중국어 솜씨를 유감없이 발휘할 첫 번째 기회였다. 근처 호텔에 들어서자마자 내가 앞장서서 프런트로 향했다.

"숙박비용이 얼마지요(쭈 쑤 페이 두어 사오)?"

"150원입니다(이바이 우스 웬)."

프런트에 서 있던 중국인은 외국인처럼 보이는 여자애가 서툴지만 분명하게 가격을 묻는 것을 보고 다소 놀란 눈치였다. 그럼 한 술 더 뜰 차례.

"너무 비싸요(타이 꿰이러)."

직원은 잠시 머뭇거리더니 120원을 불렀다. 나는 50원이면 묵겠다고 했다. 그러자 상대방은 다시 100원을 불렀다. 그렇게 몇 차례 실랑이가 오간 끝에 결국 우리는 처음 들었던 숙박료보다 절반 이상 싼 70원에 방을 잡을 수 있었다.

돈화에 있는 사원에서도, 택시 안에서도 우리는 중국인과 스스럼없이 대화하고 가격을 흥정했다. 그 모습을 본 엄마는 그저 우리가 대견한 모양이었다. 나 역시 그동안 열심히 중국어를 배운 보람과 함께 뿌듯한 기분을 마음껏 즐겼다.

공부벌레들의
클럽 습격사건

《공부가 제일 쉬웠어요》라는 책을 읽은 적이 있다. 막노동을 하면서도 서울대에 수석으로 입학한 오빠의 감동적인 이야기였다. 그런데 한 가지 궁금증이 생겼다. 정말 그 오빠는 공부가 재미있었을까? 공부하라고 늘 잔소리하는 어른들 중에 학창시절 신나게 공부한 사람이 과연 몇이나 될까?

어른들은 하는 일이 힘들거나 잘 풀리지 않을 때 스트레스가 쌓인다고 한다. 나도 마찬가지였다. 짧은 시간 안에 많은 공부를 하자 어느 순간 공부에 신물이 났다.

검정고시를 선택하고 대학에 들어가기까지 3년 동안 우리는 그야말로 고3 수험생이나 다를 바 없었다. 그렇게 하지 않으면 결코 엄청난 학업을 따라갈 수 없을뿐더러 원하는 목표에도 도달할 수 없었다. 당연히 몸이 지칠 수밖에 없었다.

하루는 머리까지 과부하에 걸렸는지 세 자매가 번갈아 코피를 터뜨렸다. 그 모습이 안쓰러웠던지 아빠가 우리를 불러 모았다.

"중국에 온 이후 중국어 공부하랴, 엄마가 내준 과제하랴, 모두들 애쓰는 거 안다. 코피가 나는 것도 당연하지. 스트레스를 많이 받은 뇌가 열로 가득 찼을 테니 말이다. 이럴 때는 스트레스를 풀어줘야 한단다. 그 방법은 다같이 한번 연구해보자."

아빠는 3일 동안 시간을 줄 테니 스트레스를 한방에 날려버릴 수 있는 묘안을 궁리해서 가족회의 시간에 발표하라고 했다. 우리 세 자매의 결론은 간단했다. 노래와 춤과 수다로 스트레스를 날려버리기로 한 것이다!

약속한 날, 우리는 말 그대로 신나게 놀았다. 빈희 언니, 정인 언니랑 셋이서 파트너를 바꿔가며 탱고를 추는가 하면 개그맨 흉내를 누가 더 비슷하게 내는지 시합도 했다. 엄마 아빠에 대한 불만과 함께 마음속 고민까지 털어놓고 나자 그렇게 속이 시원할 수 없었다.

아빠의 아이디어는 훨씬 더 근사하고 파격적이었다. 우리가 공부를 열심히 하거나 성적이 잘 나올 때마다 나이트클럽에 데려가겠다고 했다. 중국은 한국과 달라서 부모가 동행하면 청소년도 나이트클럽 출입이 가능하다. 오히려 까다로운 건 아빠의 조건이었다.

"중국의 나이트클럽이 수준이 떨어지긴 해도 우리는 한국의 위상을 지켜야 한다는 걸 잊지 마라. 너희들이 클럽에 가서 춤을 못 추면 동네 창피한 데서 그치는 것이 아니라 그야말로 나라 망신이다. 따라서 아빠가 각자 춤을 테스트해보고 불합격된 사람은 차마 데려갈 수 없음을 양해해주길 바란다."

아빠는 싱글싱글 웃으며 말했지만, 춤에 자신이 없는 나로서는 도무지 웃을 일이 아니었다.

"아빠, 그건 불공평해요. 그저 신나게 놀면 되지, 춤추는 것까지 테스트를 받아야 한단 말이에요?"

나의 항의에 아빠는 눈도 깜빡하지 않았다.

"아빠가 테스트를 하는 이유는 놀 때는 확실히 놀았으면 해서다. 춤은 못 추어도 상관없다. 하지만 최소한 열심히 추는지는 봐야지 않겠니? 우리 딸들은 놀라고 하면 공부 걱정을 하고 공부하라면 놀 궁리만 하는 게 문제란다. 그건 좋은 습관이 못 돼. 공부할 때는 오로지 공부 생각만 하고 놀 때는 노는 생각만 하렴. 잘 노는 사람이 공부도 잘한단다. 알았니?"

아빠의 지적은 틀리지 않았다. 뭐 하나 똑 부러지게 못하는 건 우리 세 자매의 공통된 약점이었다.

우리는 군말 없이 춤 연습에 들어갔다. 30분간의 연습시간 지나자 아빠는 한 명씩 돌아가며 테스트를 시작했다. 누가 봐도 어이없는 장면이었다. 하지만 그렇게 해서라도 공부의 중압감을 잠시 잊고 싶었는지 모른다.

어려서부터 가수가 되겠다고 매일같이 거울 앞에서 춤 연습을 한 빈희 언니는 곧바로 테스트에 합격했다. 하지만 정인 언니와 나는 그저 한 쌍의 뻣뻣한 막대기였다. 아무리 연습해도 멋진 웨이브가 나오지 않으니 어쩜 좋은가.

"불합격! 막대기가 너희를 보면 누나라고 쫓아오겠다, 쯧쯧."

아빠는 우리의 춤솜씨에 혀를 차더니 결국 직접 허리 돌리는 시범에 나섰다. 허리와 엉덩이를 실룩거리는 모습이 마치 깡마른 오리의 몸부림 같아 엄마와 언니들은 배꼽을 잡고 웃었다. 몇 시간쯤 그렇게 웃고 연습했을까, 우리는 마침내 나이트클럽으로 출발했다.

주말이라 그런지 나이트클럽 안은 사람들로 붐볐다. 아빠는 맥주 한 잔, 우리는 콜라 한 잔으로 목을 축이고는 본격적으로 무대 앞에 나섰다.

아빠와 우리 세 자매가 원을 그리며 춤을 추기 시작하자 주위에 있던 중국인들의 시선이 단번에 우리를 향했다. 지금 생각해봐도 우리가 사람들의 넋을 빼놓을 만큼 춤을 잘 춘 것 같진 않다. 그저 아빠와 어울려 앙증맞은 춤을 추는 우리가 그들 눈엔 귀엽게 보였던 모양이다.

중국인들은 우리를 끌어 무대 상단으로 올렸다. 여느 때라면 창피해 어쩔 줄 몰랐겠지만 분위기에 취한 나는 전혀 부끄럽지 않았다. 막춤에 관광버스 춤까지 모조리 선보이고 나자 사람들의 박수갈채가 클럽 안을 가득 채웠다. 그렇게 2시간 동안 웃고 떠들며 시끄러운 음악에 몸을 맡기는 사이, 우리를 짓눌렀던 스트레스는 순식간에 사라져버렸다.

아빠의 말씀은 과연 틀리지 않았다. 춤추고 노는 일에 온 마음을 쏟고 난 다음 날, 책상으로 돌아온 우리에게 놀라운 변화가 생겼다. 무리한 탓인지 몸이 쑤시고 전날 일을 생각하면 피식피식 웃음이 새어나왔지만, 머릿속은 새털만큼 가벼웠다. 마치 먼지를 말끔히 털어낸 것처럼 말이다.

게다가 또다시 그렇게 신나게 놀 수 있는 기회가 찾아온다면 공부 역시 즐기면서 해볼 만하다는 생각이 들었다.

원산폭격과
십계명

중국에서 하루하루 열심히 생활하는 동안에도 아빠의 집중력 훈련은 계속됐다. 벽에 작은 점을 찍어놓고 가만히 응시하는 훈련을 꾸준히 반복하다 보면 놀라울 만큼 집중력이 향상되는 것을 몸으로 느낄 수 있다. 그래도 혹시 공부를 게을리하거나 열의가 식어 보인다 싶으면 아빠는 가차없이 따끔한 벌을 내리곤 했다.

이른바 원산폭격. 지금 생각해봐도 조금 무지막지하다 싶은 벌이긴 했지만, 아빠는 그 먼 타향에 와서 정신을 똑바로 차리지 않으면 죽도 밥도 되지 않는다는 절박한 심정이었던 것 같다. 아빠의 호통은 늘 한결같았다.

"정신력이 제대로 박혀 있지 않으면 아무것도 할 수 없다! 우리는 너희의 새로운 미래를 위해 이곳까지 왔다. 그런데 당사자인 너희들이 이렇게 나약하게 처신한다면 차라리 당장 짐을 싸서 한국으로 돌아가는 게 나을 게다!”

그때마다 우리 세 자매는 정신이 번쩍 들지 않을 수 없었다.

집중력 훈련과 함께 우리가 매일 빼먹지 않은 것이 또 하나 있다. 바로 십계명 암송. 우리 집에는 저녁 7~8시만 되면 다 같이 암송하는 특별한 십계명이 있다.

십계명의 내용은 다음과 같다.

1. 부모님께 효도하자.

2. 모든 일에 최선을 다하자.

3. 형제간에 우애 있게 지내자.

4. 색깔 있는 사람이 되자.

5. 남의 물건을 탐하지 말자.

6. 이웃과 사이좋게 지내자.

7. 내 생명이 소중하듯 남의 생명도 소중하다.

8. 몸과 마음을 깨끗이 하자.

9. 피로 맺어진 형제간보다 하늘에서 맺어준 형제간이

   더 소중하다.

10. 양심을 속이지 말자.

하루는 열심히 십계명을 외고 있을 때, 누군가 밖에서 문을 두드렸다. 나가보니 아래층에 사는 이웃 아저씨였다.

“아니, 너희들 저녁만 되면 도대체 뭐라고 중얼중얼하는 거냐? 하도 궁금해서 올라와봤다.”

아저씨의 진지한 표정을 보는 순간 우리는 누가 먼저랄 것 없이 웃음을 터뜨리고 말았다. 중국 사람들이 대체로 깔끔하게 차려입는 편은 아니지만 그래도 남의 집 문을 두드리면서 내복 차림에 머리는 새집이라니, 이건 정도가 좀 심했다.

우리가 “와~!” 하고 웃자 어리둥절해하던 아저씨는 급기야 화를 냈다. 그러더니 중국말로 무어라고 한참 불평을 늘어놓고는 문을 닫고 가버렸다.

그날 이후 우리는 이웃 사람들이 듣지 못하도록 가급적 작은 목소리로 십계명을 외웠다. 하지만 가끔씩 그 아저씨를 떠올릴 때마다 터져 나오는 웃음은 언제나 주체할 수 없었다.

중국어의 왕도

　어느 나라 언어든 처음에는 어린아이처럼 배우라고들 말한다. 다 아는 사실인데도 막상 시도해보면 따라하기가 쉽지 않다. 나 역시 그랬다. 어른처럼 중국어를 배우려고 하는 바람에 자꾸만 탈이 났다. 문법과 단어 사이에서 갈팡질팡하는 사이 진도는 점점 더뎌지고 마음은 조급해졌다.

　보다 못한 아빠가 나를 불러 충고했다.

　"다빈이가 어렸을 때 우리말을 처음 배우면서 문법을 따로 배웠을까? 아니지? 어린아이가 말을 배우듯이 해보렴. 조급하게 마음먹지 말고 '엄마, 아빠, 맘마, 응가' 같은 아주 간단한 단어부터 하나씩 익혀가는 거야. 그렇게 천천히 단어에 익숙해지다 보면 생각보다 쉽게 중국어를 배워갈 수 있을 게다."

　내가 중국에서 배운 첫 번째 교재는 중국에 사는 조선족들의

1학년 어문책이었다. 한국 초등학교 1학년 국어교과서와 마찬
가지로 '나, 너, 우리, 어머니, 아버지' 같은 단어가 실려 있
는 교재다. 어문책을 끝내자 본격적인 단어외우기와 쓰기에
들어갔다.

사실 단어외우기는 지겹긴 해도 일상생활에서 당장 사용하
거나 응용할 수 있다는 점에서 매우 유익하다. 뭔가 쓸 만한
단어를 외운 날엔 동네나 시장에 나가 반드시 써먹어보았다.
특히 친구들과 놀다가 사용한 말은 웬만하면 잊어버리지 않
았다.

그래도 자꾸 까먹는 단어가 있으면 눈에 띄는 곳곳에 붙여
놓고 외울 때까지 보고 또 보았다. 책상 앞에도, 벽에도, 그리
고 화장실 변기에도, 온 집안이 단어 쪽지로 뒤덮인 적도 있
다. 길을 다닐 때도 손바닥보다 작은 수첩을 만들어 주머니에
넣고는 틈날 때마다 단어를 암기하곤 했다. 완전히 외웠다 싶
으면 빈희 언니와 정인 언니에게 테스트해보는 것도 잊지 않
았다.

틀린 단어는 반복해서 읽고 썼다. 아무리 바보라도 100번만
쓰고 나면 잊어버리려고 노력해도 잊을 수 없다고 믿었다. 단,
쓰기만 반복하는 것이 아니라 그때마다 입으로도 똑같이 소리
내 읽었다.

사전 찾기도 꽤나 즐겼다. 집에 있던 전자사전은 일부로 사용
하지 않았다. 단어를 빨리 찾을 수 있다는 점에선 편리하지만

찾은 단어를 머릿속에 입력하기가 쉽지 않았다. 차라리 단어 설명이나 어휘나 예문 등까지 참고하게 되는 중중사전을 찾는 편이 훨씬 나았다. 게다가 중국어 사전을 활용하면 중국에 대해서도 더 자세히 배울 수 있다는 장점이 있었다.

다른 언어와 달리 중국어, 특히 단어를 공부하는 데 있어 또 하나 권하고 싶은 방법은 바로 시 외우기이다. 중국 사람들은 격조 있는 옛 한시나 소설을 통째로 외우는 걸 매우 즐긴다.

중국 초등학교에 다닐 때도 소설을 몽땅 외워야만 집에 갈 수 있었다. 암기력이 떨어지는 나는 꽤나 고생을 해야 했지만, 그때 외운 시와 소설들이 나중에는 큰 도움이 됐다. 또 암기력도 자꾸 훈련하다 보면 후천적으로 늘기도 하는지 역시 덕을 많이 봤다.

　중국어 공부에 있어 왕도가 무엇인지 물어보는 사람들이 종종 있다. 그러면 나는 첫째도 단어, 둘째도 단어라고 말한다. 중국인과 자유롭게 의사소통할 수 있는 현재까지도 나는 단 하루도 단어외우기와 쓰기를 쉬어본 적이 없다.

　지난해에는 한어 수평고시를 여러 차례 봤는데, 쓰기연습을 얼마나 했던지 중지가 갈라지면서 피까지 났다. 시험이 바로 코앞인지라 대일밴드로 적당히 무마하고 공부를 계속했더니, 어느새 아예 굳은살이 생기고 말았다.

　지금도 나의 중지는 불룩 나와 하나도 이쁘지 않다. 하지만 나는 나의 중지가 조금도 부끄럽지 않다. 아니, 오히려 자랑스럽다. 최선을 다해 공부했기에 얻을 수 있었던 나만의 훈장이기 때문이다.

중국어 완전 정복하기

1. 단어, 외우고 외우고 또 외운다

외국어 공부에 대한 수많은 지침서가 있지만 내 경우엔 어휘력을 향상시켜 효과를 봤다. 특히 중국어는 곧 단어 싸움이라고 봐도 좋다. 죽기 살기로 단어를 외웠던 나는 단어를 통해 어휘를 읽혔고, 배운 단어를 주위 사람들에게 써먹으면서 생활중국어를 배워갔다.

가까운 곳에 외워야 할 단어장을 붙여놓고 외우고 또 외우자. 그러면 어느 순간 중국어에 자신감이 생긴 자신을 발견할 수 있을 것이다.

2. 중국 TV나 영화로 귀를 연다

말을 잘하려면 우선 알아듣는 것이 필수. 중국 TV나 영화는 우리나라에서도 어디에서나 쉽게 찾아 볼 수 있다.

좋아하는 영화를 정해 처음에는 자막과 함께 시청하다가 나중에는 자막을 종이로 가린 채 반복해 본다. 이렇게 한 종류의 영화를 몇 번이고 시청하게 되면 나중에는 대사를 거의 외울 수 있다. 다소 지겨울 수도 있지만 어학 테이프나 학습용 비디오를 활용하는 것보다는 훨씬 재미있다.

함께 공부하는 친구들이 있다면 서로 내기를 해도 좋다. 다음에 어떤 대사가 나올지 알아맞혀보는 것이다. 내기는 역시 자장면이 제일 낫겠지?

3. 중국인과 대화를 시도해본다

중국인이 많이 사는 거리에 가서 중국인과 만나 직접 대화해본
다. 알다시피 외국어는 입 밖에 내지 않으면 금세 잊어버리고
만다.

물론 북경어(표준어)와 각 지역의 중국말이 서로 다르긴 하지
만 대부분의 중국인들은 북경어를 선호한다. 따라서 북경어를
쓰는 중국인을 찾기란 그리 어렵지 않다.

요즘은 외국인 노동자들 중에도 중국인들이 많으니, 그들의
도움을 받아보는 것도 좋을 것이다. 따뜻한 한국인의 모습도
보여주고 중국어도 배운다면 그야말로 꿩 먹고 알 먹기가 아닐
는지.

자기관리 X파일

앞서 밝혔듯이 나는 누구나 우등생이었다고 주장하는 초등학교 시절 중위권에 머무르는 실력밖에 되지 않았다. 그러던 내가 14살의 나이에 대학수시에서 13개 대학교에 합격하고, 여러 대학에서 장학금 제의까지 받게 된 것은 특별한 비결이 있어서가 아니다.

그래도 하나 자랑할 만한 점이 있다면 철저하게 생활관리를 했다는 것! 나는 4가지의 원칙을 정한 다음, 초등학교를 그만두고 대학에 합격할 때까지 단 하루도 거르지 않고 그 원칙을 실천했다.

첫째, 철저하게 자기관리를 한다. 그중에서도 가장 기본은 시간관리!

누구나 잠든 사이 24시간이 덜컥 시작된다. 그 시간을 낭비하지 않기 위해서는 시간관리, 특히 시간표를 얼마나 잘 짜고 제대로 실천하느냐가 중요하다. 내게 처음 시간표 짜는 법을 가르쳐준 사람은 엄마였다. 하지만 엄마가 짜준 시간표는 내 생각과 많이 달라서 지키기 힘들 때가 자주 있었다.

그래서 매일 하루가 시작될 때마다 나만의 시간표를 직접 만들기로 했다. 이왕이면 나 자신을 단련시키는 한편 집중력 있게 공부하기 위해 가급적 구체적이면서도 조금은 빠듯한 계획을 세웠다.

시간관리 능력을 키우기 위한 아이디어도 생각해냈다. 일명 '시간 정하기'. 10분 동안 단어 30개 외우기, 30분 동안 수학 문제 3페이지 풀기 등, 매 시간마다 해야 할 일들을 시시콜콜하게 정해 하나하나 목표를 실천해나가면 집중력과 책임감을 기르는 데 딱 좋다.

매일 아침 시간표를 짜는 습관을 길들여온 지 몇 년이 지난 요즘, 나는 여전히 헛된 일에 시간을 낭비하는 일이 거의 없다.

둘째, 자율적으로 공부하는 태도를 기른다.

처음부터 알아서 공부를 척척 하는 사람은 많지 않을 것이다. 나도 초등학교 저학년 때는 엄마가 일일이 옆에서 가르쳐주고 챙겨주었다. 하지만 공부하는 습관 또한 훈련해온 덕분에 고학년이 되어서는 스스로 공부하는 버릇이 어느 정도 몸에 배게 되었다.

엄마는 늘 강조했다.

"자율적인 학습능력을 키우기 위해 제일 중요한 게 뭔지 아니? 왜, 무엇 때문에 공부하는지 본인 스스로 깨닫는 거야."

엄마 말대로 자율적인 공부습관을 키우기 위해서는 일찌감치 자신만의 꿈을 정하는 것이 좋다. 우리 세 자매는 고학년에 올라갈 시점부터 자신에게 맞는 적성 찾기에 나섰다.

각자 무엇을 하고 싶은지, 무엇을 할 때 가장 즐거운지 서로 이야기하는 시간을 통해서였다. 꿈이 정해지면 구체적인 계획을 세워야 하고, 무엇을 공부해야 하는지도 분명해진다.

누군가가 시켜서 공부하는 사람이 스스로 필요성을 느껴 최선을 다하는 사람을 따라잡을 수 있을까? 절대 불가능하다!

셋째, 공부방은 항상 정리한다.

공부의 조건 가운데 하나로 공부하는 환경은 가급적 단순하게, 동선은 짧게 하는 것이 좋다. 중국어 시험과 중·고등 검정고시, 대학수시 면접과 논술을 한꺼번에 준비해야 했던 나 역시 책상 위는 항상 꼭 있어야 할 물건만 올려놓았다. 시계, 일정을 적은 달력, 스탠드, 사전, 그날 공부할 책과 노트.

눈앞의 벽지도 되도록 무늬가 없는 것으로 골랐다. 나도 모르게 벽지의 무늬를 넋 놓고 바라보는 버릇이 있었기 때문이다. 대신 흰 벽 한 곳에 콩알만 한 점을 찍어놓고 뚫어져라 응시하면 집중력을 되찾는 데 큰 도움이 됐다.

또 다른 한쪽에는 이국적인 초원의 풍경사진도 붙여두었다. 그러고는 머리가 복잡해질 때마다 자연에서 휴식을 취하듯 사진 속에 빠지곤 했다.

오른쪽 서랍에는 연필, 지우개, 볼펜, 그 아래 서랍엔 연습장과 암기장, 메모장 등을 정리해두어 쉽게 꺼내 쓸 수 있도록 했다. 자주 쓰지 않는 물건들은 죄다 왼쪽 서랍에 넣었다. 특히 사전과 교과서, 참고서 등은 항상 손이 닿는 책꽂이에 꽂아놓고 수시로 꺼내 보곤 했다.

넷째, 노트정리가 모든 공부의 기본이다

초등학교 고학년이 되면 수학 수준이 높아질 뿐 아니라 국어, 사회, 과학도 공부할 내용이 많아진다. 이때부터는 노트정리를 잘해야 시험공부에 많은 도움이 된다.

4학년이 되자 우리 세 자매는 문구점에서 각자 노트를 구입했다. 나는 중학생들이 쓰는 크고 두꺼운 노트를 과목별로 골랐다.

나의 노트정리법은 다음과 같다.

우선 공부한 바를 최대한 간단한 단어와 문장으로 정리하되, 내용을 확실하게 기록한다. 제목과 내용은 색깔을 달리하여 한눈에 알아볼 수 있도록 한다.

또 나만의 공부스타일에 맞춰 예습용, 수업시간용, 복습용 공간을 선으로 구분해 따로 마련했다. 특히 예습을 하면서 이해되지 않는 부분을 정해둔 색깔로 표시해놓았다가 수업시간에 궁금증이 해결되면 설명을 덧붙였다.

또 하나 사회나 과학의 경우, 복잡한 관계를 나타내는 도표나 시대의 흐름을 한눈에 보여주는 연표, 관련된 그림 등을 참고서에서 오려 노트에 함께 정리하는 것도 잊지 않았다.

물론 정작 중요한 것은 잘 정리된 노트 자체보다 활용하는 노하우라는 것을 잊어서는 안 된다.

스스로 세우는
대학입시 전략

애초에 대학진학을 위해 검정고시를 택한 것은 아니다. 중국어 교수가 되고픈 꿈을 향해 중국어 자격증 시험과 검정고시, 그리고 대학입학이라는 준비과정을 하나하나 밟아온 것뿐이다. 우리 세 자매는 각자의 꿈과 미래의 직업에 대해 뚜렷한 주관을 가지고 있다. 그 꿈을 실현시키기 위해 무엇을 준비하고 무엇을 공부해야 하는지에 대해서도 항상 생각하며 늘 노력해왔다.

중국어를 배우기 위해 중국으로 떠난 지 2년 반 만에 공부를 마쳤다. 한국에 돌아온 후에는 검정고시에 합격했다. 이젠 무엇을 해야 할까 고민할 필요도 없이 답이 나왔다. 꿈을 위해 대학에 진학하는 것이다.

대학에 진학하려면 무엇을 준비해야 하는지부터 알아보았다. 여러 가지 방법이 있었지만 무엇보다 해당 학과와 관련된 자격증이 있으면 유리한 듯했다. 특히 우리 경우엔 보다 나은 대학에 들어가려면 고급과정의 중국어 자격증(HSK)이 필요했다. 대학입학이 가능한 자격은 4급부터 6급. 하지만 우리 목표는 단지 입학이 아닌 장학금을 받는 것이었다.

나와 정인 언니가 동시에 대학에 입학하려면 등록금이 못해도 8백만 원은 필요할 터였다. 엄마가 학원을 운영하고 있지만 우리 세 자매와 막내를 키우는 두 분에게는 결코 적지 않는 부담이 될 게 분명했다.

"두 분 다 말씀은 안 하시지만 많이 힘드실 거야. 원하는 대학을 선택하되 이왕이면 두 분의 부담을 줄여줄 수 있는 곳을 찾아보자."

정인 언니의 생각도 나와 다르지 않았다. 우리는 장학금을 받고 들어갈 만한 대학을 함께 물색했다.

장학금을 받기 위해선 무엇보다 가장 높은 급수의 자격증을 따야 했다. 검정고시나 자기 추천자 전형 등 입학에 유리한 다른 정보도 찾아보았다. 검정고시를 치를 때 받은 상장들, 한자 급수 자격증, 방송이나 신문, 잡지에 나온 우리 이야기도 가산점이 될 수 있다는 사실을 알고 해당 자료를 모조리 복사했다.

수시원서를 쓰면서부터는 본격적인 논술·구술·면접 준비에 들어갔다. 입시전형 방법은 각 대학마다 천차만별이기 때

문에 각 학교의 홈페이지에 들어가 정확한 정보를 알아내고 그에 맞게 준비해야 했다.

중·고등 과정을 비교적 짧은 기간에 마친 나는 교양서적이든 교과서든 할 것 없이 반복해 읽으며 기본지식을 쌓아갔다. 논술은 물론 구술면접과 지필고사에 대비해 신문사설이나 시사문제를 스크랩하는 일도 게을리 하지 않았다. 그 과정에서 모르는 단어나 생소한 정보가 나오면 반드시 부모님에게 묻거나 사전과 인터넷 검색을 통해 꼭 이해하고 넘어갔다.

여러 학교와의 면접을 앞두고 아빠와 엄마는 매번 가상 면접관이 되어 우리에게 예상 문안을 질문하곤 했다. 실제 면접에서 부모님이 던진 똑같은 질문과 맞닥뜨릴 때는 감탄할 수밖에 없었다.

"우리 아빠는 역시 예지력이 뛰어나시다니까!"

나중에 우리의 칭찬을 한 몸에 받은 아빠 역시 기쁨을 감추지 못했다.

우리는 결국 15개 대학에 원서를 넣어 모두 13개 대학에 합격했다. 그 가운데 4곳에서는 장학금 제의도 받았다.

약간의 고심을 거치긴 했지만 호남대학교를 선택하기로 흔쾌히 결정했다. 4년 장학금 혜택 때문만은 아니었다. 교수님들의 진심이 와 닿았던 것이 더 큰 동기였다.

면접 이후에도 꾸준히 관심을 보여준 이정림 교수님과 박상령 교수님은 만나면 만날수록 자상하고 믿음이 느껴졌다. 호남대학교가 마침 우리나라 중국어학과로는 두 번째로 공자아카데미(중국 정부에서 지원하는 기관으로 중국어도 가르치고 중국 문화도 알리는 곳이다)를 열었다는 점도 매력적이었다.

그런데 한 가지, 입시준비 과정에서 크게 놀란 점이 있다. 학교생활과 수능시험 대비에 바쁜 탓인지 고등학교에 다니는 대부분의 학생들이 입시정보를 잘 모른다는 사실이다.

입시제도가 복잡해진 요즘, 어쩌면 대학에 갈 수 있는 방법이 그만큼 많아진 셈인데도 현실에서는 그 점을 적극적으로 활용하지 못하는 듯했다. 최소한 자신이 가고 싶은 학교나 학과에 관한 정보라도 충분히 안다면 그만큼 많은 이익을 취할 수 있을 텐데…….

하지만 우리는 몇 달에 걸쳐 우리가 갈 수 있는 대학의 목록을 뽑아 정리하고, 각 대학별로 면접, 논술, 구술까지 연습했다. 6개월 전부터는 신문사설, 칼럼, 뉴스 등을 바탕으로 토론과 글쓰기를 통해 생각을 정리하는 훈련도 했다. 여느 학생들에 비해 상대적으로 시간적 여유가 많은 이점을 대학수시 전형을 철저히 준비하는 데 활용한 것이다.

이제 나는 어엿한 2007년도 새내기가 되었다. 아직은 이루어야 할 일과 꿈이 더 많지만 욕심 부리지 않고 천천히 나아갈 생각이다. 빛나고 즐겁고 두근거리는 하루하루를 소중히 아껴가면서 말이다.

| 반기문 |

우직함으로 세상을 품다

　반기문 장관이 유엔사무총장이 되었을 때 아빠도 괜히 가슴이 찡하고 대한민국 사람이라는 게 자랑스러웠단다. 유엔사무총장이 어떤 자리인 줄 아니? 그래, 빈희 말대로 세계 최고의 공무원이자 외교계의 교황이란다. 반기문 유엔사무총장이 선출되던 날, 대한민국은 그야말로 축제 분위기였던 것을 너희들도 기억할 거야.

　이제는 세계적인 인물이 되었지만 실상 그는 충청도의 작은 소읍에서 태어났어. 아빠도 가본 적이 있지만 여전히 시골 분위기가 물씬 나는 곳이지. 하물며 반 총장이 태어났을 당시에는 얼마나 오지였겠니. 그런 그가 오늘날의 성공을 거둔 것은 바로 소처럼 우직하게 공부해온 성실함 덕분이었어.

　그의 공부법을 한마디로 말하면 '엉덩이 공부법'이라 할 수 있지. 우습지? 엉덩이로 공부를 한다니! 하지만 실제로 반 총

장은 일단 공부를 시작하면 좀처럼 엉덩이를 떼지 않았다고
해. 다른 사람이 보면 정말 답답하다고 할 만큼 오로지 공부만
했지.

그는 천재적인 머리를 가진 사람은 아니었어. 정확하게 이
야기하자면 끊임없이 자신의 결점을 보완했던 노력형 수재였
지. 그런데 사실 그게 더 무서운 거란다. 어떤 천재도 노력하
는 사람은 당할 수가 없거든.

꿈은 반드시 이루어진다는 말이 있지? 어릴 때부터 자신이
무엇이 되고 싶은지 생각해보고 목표를 이루기 위해 노력하는
것이 그만큼 중요하다는 소리란다. 반 총장도 그랬어. 반 총장
이 초등학생 때 당시 외교부장관이 학교에 와서 강의를 했단
다. 그때 반 총장은 '외교관' 이 되고 싶다는 꿈을 처음으로 품
게 됐어.

우리 가족도 중국까지 다녀왔지만, 반 총장이 외국어를 공
부하면서 바친 노력은 너희들에게도 귀감이 될 만하단다. 반
총장은 영어공부를 위해 직접 외국인을 찾아가 물었어. 그리
고 필요한 부분을 녹음해 와 몇 번이고 반복해서 듣고 따라했
단다.

당시에는 변변한 교재도 없는데다 집안도 넉넉하지 않아 궁
여지책으로 그런 방법을 썼겠지만 오히려 그 덕분에 살아 있
는 영어를 배우게 된 게 아닐까 싶어. 그래서인지 반 총장의
영어 실력은 외국인들도 감탄할 정도로 세련되고 정확하단다.

너희들도 그런 집념을 꼭 배우렴.

다른 공부도 마찬가지였어. 특별한 비결은 없었지만 무엇이든 마치 연애를 하듯이 공부를 했다는구나. 무슨 말이냐 하면 공부에 온통 마음을 빼앗겼다는 거지. 하루 종일 앉아서 공부하고도 지겨워하기는커녕 또 공부할 게 없나 찾았다고 하니, 남들이 보면 질릴 정도였대.

그렇다고 해서 반 총장이 공부를 출세의 도구로 생각한 것 같진 않아. '열심히 공부해서 돈도 많이 벌고 출세해서 이름도 높여야지' 라고 생각한다면 뭐 그것도 하나의 목표가 될 수 있겠지만, 세상을 품을 만큼 큰 사람은 되진 못했을 거야.

공부를 통해서 우리는 많은 것을 이룰 수 있어. 자신을 수양하기도 하고 지식을 넓히기도 하고 인내심을 배우며 세상을 알아갈 수도 있지. 반 총장은 아주 어릴 때부터 그 점을 깨닫고 있었단다.

다시 꿈에 대해서 이야기해야겠구나. 반 총장은 어렸을 때 일생의 멘토가 되어줄 2명의 사람을 만났어. 그중 한 사람이 김성태 선생님이야. 열정과 열의를 가진 영어 선생님이었지. 그 선생님 덕분에 19살에 미국에 가게 된 반 총장은 그곳에서 두 번째 멘토인 케네디 대통령을 만났단다. 케네디 대통령을 만나면서 반 총장은 생각했을 거야.

'수많은 사람들이 존경하는 케네디 대통령처럼 열심히 노력하는 사람이 되자.'

어디까지나 아빠의 짐작이지만 크게 틀리지 않을 것 같아. 실제로 케네디 대통령과의 만남은 반 총장의 인생을 송두리째 바꾸어놓았어.

우리 딸들도 세상을 살아가면서 많은 사람을 만나게 될 거야. 너희들의 인생을 바꿔줄 그 사람은 누굴까? 아빠도 많이 기대가 되는구나.

반 총장을 생각할 때마다 느끼는 건 절대로 머리를 믿지 말라는 사실이야. 언젠가 신문에서 반기문 총장의 동생 반기상 씨의 이야기를 읽었단다.

"머리라면 나도 형만큼은 좋고, 어린 시절 공부로 따지자면 형 못지않았지요. 하지만 스타일이 달랐습니다. 형은 평소 시간이 날 때마다 공부를 했어요. 저는 놀다가 주로 벼락치기를 했죠. 한때는 제 방식이 더 효율적이라고 생각했는데, 나중에 보니 그게 아니더라고요. 꾸준히 하는 사람은 정말 못 이기겠더군요."

맞는 말이야. 꾸준히 공부하는 사람을 도대체 누가 이길 수 있겠니?

반기상 씨의 말대로 반 총장은 자투리 시간을 정말 잘 활용했다는구나. 자투리 시간을 모으면 굉장히 많은 시간을 활용할 수 있어. 특히 수업시간 전후의 10분을 어떻게 활용하느냐에 따라 성적이 크게 달라질 수 있지.

또 하나 반 총장은 노트필기를 굉장히 잘했다는데, 그 점은 너희 엄마도 자주 강조했었지? 오죽하면 반 총장의 별명이 '필기의 왕'이었다는구나.

반 총장은 언제나 최선을 다해서 자신의 길을 뚜벅뚜벅 걸어 갔던 사람이었어. 세상을 향해 열심히 살았던 그가 이제 외교 계의 최고가 되었으니 우리나라도 더 나은 나라가 되겠지? 자, 우리 딸들도 더 넓은 세상에서 이름을 날리는 여걸이 되는 날 까지 열심히 노력하자. 파이팅!

죽을 힘을 다해 최선을 다한다는 것

이번에 얘기해줄 사람은 고승덕 변호사야. 텔레비전에도 많이 나와서 얼굴이 많이 알려지긴 했지만 그저 유명한 변호사가 아니라 내로라하는 공부 천재였단다. 사법고시 합격, 행정고시 합격, 사법시험 최연소 합격, 외무고시 차석 합격, 행정고시 수석 합격…… 우와, 이만하면 가히 대한민국에서 가장 공부 잘하는 사람이라고 해도 과언이 아닐 거야.

너희들도 검정고시를 치러봤지만 사실 사법고시나 행정고시하고는 비교도 안 돼. 대한민국에서 머리 좋다는 사람들이 몇 년씩 머리 싸매고 공부해도 될까 말까 한 것이 바로 국가고시니까. 그런데 그런 시험을 몇 개씩이나, 그것도 수석 아니면 차석으로 통과했다니 정말 놀라운 일이잖니?

고 변호사는 모든 것을 공부로 해결한 사람이야. 한번은 주식을 했다 손해를 봤대. 다른 사람들 같으면 '에이, 재수가 없었네!' 하고 말겠지만 그는 달랐어. 도대체 주식이 무엇인지 기초부터 공부해보자며 달라붙은 거야. 그렇게 2년을 공부하고 나서 엄청난 수익을 거두었대. 그뿐만 아니라 주식을 공부해서 배운 지식을 바탕으로 책까지 출간해 베스트셀러가 되었지.

이쯤하면 '그 사람 천재 아니야?' 하겠지만 실상은 그렇지 않대. 그는 한번도 머리에 의존해서 공부한 적이 없었다는 거야. 오히려 '죽어라' 공부하며 자신의 목표를 조금씩 이루어 나갔단다. 그가 어느 정도로 지독했는지 아니? 방 한쪽에서 밤늦게 공부하면 다른 식구들은 잠을 설쳐야 했어. 그는 5시간밖에 자지 않았거든. 배가 부르면 잠이 올까 봐 밥도 제대로 안 먹었어. 저녁식사는 조금만 먹고 정 배고프면 사과 1개로 배고픔을 달랬지.

밤새워 공부하고는 아침에야 잠자리에 들고……. 그렇게 온몸에서 힘이 다 빠질 때까지 공부하다 보니 건강이 나빠질 수밖에. 하지만 아빠는 우리 딸들이 건강까지 해쳐가면서 공부하는 건 절대 바라지 않아. 오히려 공부는 조금 덜 하더라도 건강하고 씩씩하게 자랐으면 좋겠어. 하지만 이것 하나만은 명심하렴. 나태한 생활습관을 버리고 저돌적으로 공부했던 고 변호사의 태도만큼은 배워야 한다는 거야.

그는 한편 고시공부를 하면서 즐겨 쓰던 '콩나물 기르기' 전략으로도 유명하단다. 고 변호사가 어렸을 때 집에서 콩나물을 길러 먹었대. 밑이 뚫린 망 같은 채 위에 콩을 올려놓고 물을 주면 물은 그대로 빠지고 콩은 달라진 것 없이 그대로 있었지. 하루 이틀이 지나도 마찬가지였어. 그런데 며칠이 지나면 콩에서 조금씩 뿌리가 나면서 콩나물로 자라더라는 거야.

고 변호사는 공부도 콩나물 기르기와 같다고 생각했단다.

'절대 머리를 믿지 말자. 아무리 머리가 좋다고 하더라도 한 번 읽어서는 완전하게 기억할 수 없다.'

고 변호사는 그래서 끊임없이 반복학습을 했단다. 끊임없이 반복하면 언젠가 콩나물이 자라듯이 기억도 자랄 거라고 믿었던 거야. 우리 집에도 콩나물을 한번 키워볼까? 그러면 우리 딸들도 콩나물을 보면서 공부에 대한 깨달음을 얻지 않을까?

참, 고 변호사는 책을 읽거나 공부를 할 때 책을 쓴 사람과 같은 생각을 하려고 노력했단다. 왜 이 책을 썼을까, 책에서 말하고자 하는 바는 무엇일까 고민하다 보면 좀더 이해가 빨라졌다는 거야.

우리말에 촌각을 아껴서 공부한다는 말이 있지? 촌각이란 아주 짧은 시간을 말한단다. 고 변호사도 공부하느라 밥 먹는 시간까지 아까워했어. 그는 심지어 어머니에게 비빔밥을 만들어 사발에 숟가락 하나만 꽂아달라고 부탁했어. 젓가락질 하는 시간조차 아까웠던 게지. 보다 못한 그의 어머니는 여러 가지 반찬을 칼로 잘게 썰어 넣어 여러 번 씹지 않아도 소화가 잘 되는 '특제 비빔밥'을 만들어주었어. 덕분에 그는 비빔밥을

씹으면서 책을 볼 수 있었지.

'절벽에서 밧줄을 붙들고 있고 그 밧줄이 끊어지면 죽는 상황이라고 생각하라. 죽을힘을 다해서 밧줄을 잡아라.'

이처럼 고 변호사는 공부를 절박하게 생각한 거야. 마치 금방 내일이라도 죽을 사람처럼. 생각해봐. 그런 사람이 어떻게 실패할 수 있겠니?

우리 사랑하는 딸들아, 아빠는 고 변호사의 공부 일화를 보면서 여러 가지 생각을 했단다. 단지 열심히 공부하겠다는 결심이나 노력은 어찌 보면 상투적인 거야. 공부에 목숨을 걸 정도로 열심히 했는지 자신을 되돌아 보렴. 그래야 보다 큰 미래를 꿈꿀 수 있지 않겠니?

나의 모난 성격 때문에

부모님은 재혼할 당시 많이 힘들어했다.

그런데 어느 날 아빠가 던진 말 한마디가

내 꿈을 흔들어 깨웠다.

16살, 법조인이 되고픈 꿈을 이루기 위해

대학에 입학했다. 비결은 간단했다.

누구나 중요한 줄 알면서도 무시하는 일기와 독서,

글짓기와 한자, 교과서와 사회과부도를 미련할 만큼

읽고 쓰고 또 공부했다.

17살 대학생, 나 빈희. 고등학교 다닐 나이에 대학교를 다닌다고 해서 다들 별난 눈으로 쳐다보지만, 실상 별로 특별한 구석은 없다. 그저 또래의 친구들과 버스를 타거나 영화표를 끊을 때면 항상 나만 더 비싼 요금을 내야 한다는 게 억울할 뿐이다. 신분증이라고는 대학 학생증이 전부라서 주민등록번호를 알려주며 17살이라고 우겨봐야 대답은 늘 똑같다.

"나이가 아무리 어려도 대학생은 대학생이니 성인요금을 내, 학생."

생각다 못한 나는 친구의 학생증을 빌려 다니기로 했다. 덕분에 같은 과 언니 오빠들이 성인요금을 낼 때 나는 청소년 요금을 낸다고 자랑한다. 유치하긴 해도 그게 내가 사는 모습이다. 대학생도, 청소년도 아닌 17살 대학생.

사실 내 학력은 엄밀하게 말하면 '초퇴'다. 초등학교를 중퇴했으니 학력으로 치면 최하인 셈이다. 초퇴라서 한글도 잘 모른다고 농담을 던지면 같은 과 언니 오빠들은 "어린 나이에 무지하게 사고를 쳤나 보다" 하며 장난스럽게 웃는다. 그러면 나도 순순히 인정한다.

"제가 어릴 때부터 좀 심하게 놀긴 했죠."

초등학교 때 학교를 그만둔 것은 몸이 아파서도, 학교가 다니기 싫어서도 아니었다. 그렇다고 농담처럼 무슨 사고를 친 것도 아니다. 초등학교를 그만둔 4학년 때가 지금껏 가장 힘든 시기였던 것만은 분명하다. 엄마 아빠가 이혼을 하고 새 가정이 생겼으니까. 하지만 초등학교 중퇴라는, 위험하지만 특별한 모험을 감행한 것은 엄마와 새아빠의 판에 박히지 않은 교육관과 전폭적인 지지 덕분이었다.

학교를 그만둔 후 중국으로 3년 동안 유학을 다녀오자마자 중졸 검정고시에 합격했다. 그때 나이 14살. 이듬해에는 고졸 검정고시에 합격한 데 이어 16살이 된 지난해 부산외국어대학교 법학과에 입학했다.

그 짧은 시간 동안 나와 우리 가족의 삶은 많은 변화를 겪었다. 우리 세 자매의 이야기가 방송에까지 소개되면서 사람들은 우릴 특별한 사람인 양 바라보기 시작했다. 그러나 개인적으로는 올해로 2학년이 된 내가 후배 아닌 후배들을 맞았다는 사실이 오히려 더 특별하고 머쓱한 사건이 아닐 수 없다.

나는 조금 독특한 성격을 가지고 있다. 내 또래 친구들과 학교를 다닐 때는 소위 "싸가지 없다"는 말도 많이 들었다. 활발하고 명랑하지만 뭐든지 내 위주로 생각해서 친구들이 나를 맞춰주지 않으면 서슴지 않고 화를 냈다.

아마 당시의 친구들은 '무슨 여자애가 저렇게 드세고 시끄

러울까?' 라고 생각했을지 모른다. 남자아이들도 나를 어려워 하긴 마찬가지였다. 지금 와서 생각하면 후회가 많이 되지만, 그 성격으로 왕따를 당하지 않고 학교를 다닌 것만 해도 용하지 싶다.

나의 모난 성격 때문에 부모님은 재혼할 당시 많이 힘들어했다. 다른 동생들은 비교적 수더분해서 두 분의 결합을 오히려 반기는 편이었지만, 나는 이른 사춘기였던 탓인지 받아들이기가 쉽지 않았다.

중국에 가서도 나는 아빠에게 대들거나 동생들과 싸우는 일이 잦았다. 그럴 때마다 아빠는 난감해했지만 결코 나를 포기하진 않았다. 지금껏 내가 나쁜 길로 빠지지 않고 사춘기의 혼란을 극복할 수 있었던 것도 어떻게든 내 성격을 바로잡으려 애썼던 아빠의 공이 컸다.

대학에 들어가자 새로운 문제에 부딪혔다. 대학동기들이 하나같이 나이가 한참 많은 언니 오빠들이다 보니 어떻게 대해야 할지 막막했다. 나 편한 대로 굴면 틀림없이 버릇없다는 소리를 들을 것이고, 너무 깍듯하게 대하면 언니 오빠들이 불편해할 게 분명했다. 언니 오빠들도 16살의 꼬마를 자신들과 같은 대학생으로 받아들이는 일이 쉽지만은 않았을 것이다.

어떻게 해야 할지 몰라 처음에는 말도 없이 지냈다. 그저 앳된 얼굴의 신입생으로 봐줬으면 하고 바랐을 뿐이다.

하지만 시간이 약이었다. 1년 동안 이런저런 일들을 겪으며 언니 오빠들과 조금씩 가까워졌다. 물론 나도 모난 성격을 극복하기 위해 노력을 많이 했다. 주위 사람들을 배려하는 법을 배우고 상대방에게 먼저 다가가려고 애썼다. 활발하지만 너무 시끄럽지 않고, 적극적이지만 나설 때와 나서지 말아야 할 때를 구분할 줄 아는 빈희가 되고자 했다. 꾸중과 격려, 조언도 많이 들었다.

그 덕분일까? 도무지 바뀌지 않을 것 같던 나의 모난 구석이 조금씩 깎이기 시작했다. 나는 둥글고 따뜻한 사람으로 천천히 변해가고 있었다.

어느 날 꿈이
일찍 눈을 뜨다

"빈희는 커서 뭐가 되고 싶니?"

엄마가 꿈을 물으면 나는 1초도 주저하지 않고 대답했다.

"연예인이 되고 싶어요. 멋지게 춤도 추고 노래도 부를 수 있잖아요."

어릴 때는 왜 그렇게 연예인이 되고 싶었는지 모르겠다. MBC 합창단으로 활동했던 그 시절부터 나는 가수나 연기자를 꿈꿨다. 지적인 분위기를 풍기며 뉴스를 전하는 아나운서가 되어도 근사할 것 같았다.

우리 가족이 '인간극장'에 소개된 이후 유명세에 힘입어 모 프로그램에서 몇 달 동안 공동 진행을 맡은 적이 있다. 교육 프로그램이었지만 왠지 마음이 설레었다. 다른 사람들은 조명이 들어오면 긴장해서 실수도 많이 한다는데 나는 오히려 친숙한 느낌이 들었다.

'확실히 난 무대 체질인가 봐!'

무사히 녹화를 마친 첫날, 조금은 우쭐한 기분에 사로잡혔다. 정말 내 안에 끼가 숨어 있는 걸까?

사실 난 초등학교 3학년 시절, 부모님의 이혼과 함께 연예인의 꿈을 접었다. 이혼 전 부모님은 하루가 멀다 하고 싸우기만 했고, 나는 엄마가 우는 모습을 보면 가슴이 찢어질 듯 아팠다. 내가 보기엔 아빠의 잘못이 더 큰 것 같았다.

최후의 선택으로 두 분이 이혼을 결심하자 차라리 잘됐다는 생각이 들었다. 하지만 엄마가 아무런 대책 없이 이혼을 당하는 것은 정말이지 속상했다. 엄마는 위자료 대신 나와 다빈이의 양육권을 선택했다.

"엄마한테는 돈보다 더 소중한 게 바로 너희들이야. 너희가 있는 한 아무리 힘들어도 버틸 수 있어."

그날 엄마는 눈이 붓도록 펑펑 울었다. 나와 다빈이도 울었다. 엄마를 위해 무언가 하고 싶었다. 억울하게 이혼당하는 엄마처럼 불쌍하고 힘없고 어려운 사람들의 편이 되고 싶었다.

'그래, 난 여자와 어린아이 같은 약자를 도와주는 법조인이 될 거야.'

그날 내 가슴속에서는 법학과로 가는 꿈이 그렇게 간절히 움터 올랐다.

몇 년이 지난 후 엄마는 새아빠와 재혼했다. 아빠는 성격이

급하긴 해도 우리 엄마를 끔찍하게 아껴주는 분이었다. 조금씩 집안이 안정을 되찾자, 나도 다빈이도 공부에 전념할 수 있었다.

그런데 어느 날 특별한 사건이 찾아왔다. 아빠가 던진 한마디가 내 꿈을 흔들어 깨운 것이다.

"빈희야, 사람은 누구나 자신만의 꿈이 있는데 단지 꿈만 꾸는 사람이 있는가 하면 꿈을 현실로 만들기 위해 노력하는 사람도 있단다. 우리 빈희는 꿈을 현실로 만드는 사람이 되었으면 좋겠어. 그러려면 무엇보다 자신의 적성이 무엇인지 알아야겠지. 빈희가 가장 좋아하는 것, 그리고 잘할 자신이 있는 일이 뭐니?"

순간 가슴속 어딘가가 쿵쾅거렸다. 엄마의 이혼 이후 내 자신의 적성이나 꿈에 대해선 까맣게 잊고 지냈다. 그렇다고 어렸을 때처럼 연예인을 꿈꾸는 건 아니었다.

"아직은 잘 모르겠어요. 막연하게 법조인이 되고 싶다는 생각은 했는데……."

"그랬구나. 빈희가 법조인이 되고 싶어하다니 좀 뜻밖이긴 하지만, 빈희랑 잘 어울릴 것 같아. 빈희가 법조계에서 일하면 잘 맞을지, 우리 한번 확인해볼까?"

아빠는 이 참에 적성검사와 직업흥미검사를 받아보라고 권했다. 보다 과학적이고 구체적으로 적성을 알고 나면 자신감도 커진다는 것이었다. 검사 결과 생각대로 법조인이 가장 잘 맞는 것으로 나타났다. 마치 미래의 나와 대면한 것처럼 가슴이 두근거렸다.

아빠 말대로 그날 이후 훌륭한 법조인이 되겠다는 의지가 더욱 굳어졌다. 시간이 날 때마다 법조인이 되는 데 필요한 다양한 정보도 찾아보게 되었다. 사실 내 꿈을 깨닫지 못했을 때는 공부가 지겨울 때가 많았다. 하지만 구체적인 목표가 생기자 공부 자체가 훨씬 즐거워졌다.

지난해 부산외국어대학교 법학과에 입학, 꿈을 향한 첫 계단을 밟았다. 대학에 들어온 후, 의외로 많은 사람들이 자신의 적성과 목표에 확신을 갖지 못한 채 대학에 진학한다는 사실을 알게 됐다. 어릴 때부터 나의 적성을 찾아주려고 노력했던 아빠에게 고마운 마음이 일었다. 한편으로는 우리나라에는 왜 적성이나 진로에 대해 진지하게 고민할 수 있는 시스템이 없는지 궁금해졌다.

언젠가 텔레비전에서 우리나라 공교육을 비판하는 내용의 시사 프로그램을 보았다. 외국의 경우, 초등학교 저학년 때부터 아이들에게 다양한 활동을 경험하게 한 다음 교사의 관찰과 면담을 통해 아이의 적성을 발견할 수 있는 기회를 제공한다고 했다. 특히 인상적이었던 점은 아이들이 자신의 적성을 발견하는 것 자체를 대단히 즐거워한다는 사실이었다.

우리나라 교육이 많이 발전했다고는 하나 아직도 개인의 능력이나 개성을 중시하기보다는 획일적인 교육시스템에 따른다는 기사도 접한 적이 있다. 그래서 우리나라 학생들이 공부를 유독 싫어하는가 보다. 하긴 나도 그랬다.

하지만 부모나 사회를 탓하기 전에 모두들 자신의 적성과 꿈을 한번쯤 진지하게 고민해봤으면 좋겠다. 시간이 얼마나 걸리든 그것을 발견하는 순간, 지겹던 공부가 자신의 꿈에 바짝 다가가게 하는 보물지도로 보일 것이다.

글쓰기의 힘

　내게 남아 있는 초등학교 1학년 때의 추억 하나. 연필을 힘 주어 그러쥐고 땀을 삘삘 흘리면서 네모칸에 글자를 써넣던 내 모습이 보인다. 한자 한자 쓸 때마다 엄마는 환하게 웃으면서 말했다.

　"우리 빈희 글씨도 참 잘 쓰네. 이렇게 반듯하게 쓰면 마음도 반듯해지고 공부도 잘할 거야."

　엄마가 웃는 모습이 너무 보기 좋아서 연필을 쥔 손에 더욱더 힘이 주었던 기억이 난다.

　나에게 있어 공부는 바로 그 코흘리개 시절의 글씨쓰기에서부터 시작되었다. 유치원에 다닐 때도 손에 힘이 있어야 글씨를 잘 쓴다고 해서 퍼즐맞추기나 블록놀이를 많이 했다. 그때 손을 쓰는 놀이에 익숙해진 덕분인지 초등학교에서 배운 글씨쓰기도

즐거운 놀이처럼 느껴졌다.

나는 왼손잡이다. 당시만 해도 왼손으로 밥을 먹거나 글씨를 쓰면 엄한 얼굴로 꾸짖는 어른이 많았다. 하지만 엄마는 내가 왼손으로 연필을 잡는다고 해서 애써 버릇을 고치려 하거나 꾸중하지 않았다.

"왼손잡이는 전혀 이상한 게 아니야. 오히려 머리가 좋은 사람 중엔 왼손잡이가 많지. 하지만 세상엔 오른손잡이가 더 많다 보니 오른손을 사용하면 편한 일도 그만큼 많단다. 만약 빈희가 오른손까지 능숙하게 쓸 줄 안다면 그야말로 만능소녀가 되지 않을까?"

엄마의 격려에 힘입어 그 후 몇 개월 동안 오른손을 쓰는 연습을 했다. 덕분에 얼마 뒤엔 왼손과 오른손을 모두 자유롭게 사용할 수 있게 되었다.

그런 엄마도 맞춤법에 관해서는 유난히 엄격했다. 틀린 글자가 나오면 잊어버리지 않을 때까지 몇 번이고 다시 쓰게 했다. 하지만 나로서는 소리와 글자가 따로 노는 맞춤법이 여간 어렵지 않았다.

한번 틀린 글자를 계속해서 틀리자 엄마는 동화책을 한자 한 자 짚어가며 몇 번이고 읽어주곤 했다. 틀리기 쉬운 글자를 매번 강조하는 것도 잊지 않았다. 그래서인지 나 역시 글자를 또박또박 천천히 읽는 습관이 생겼다. 훗날 띄어쓰기와 문법을 수월하게 배운 건 모두 그때 익힌 습관 덕분인 것 같다.

어느 정도 글자와 친해질 때쯤, 엄마는 독서시간을 조금씩 늘리기 시작했다. 잠자리에서 책을 읽어주는 건 여전했다. 하지만 학년이 올라가자 엄마는 내가 직접 책을 읽고 독후감을 써보라고 권했다.

그런데 그 권유란 게 그리 느슨하지 않았다. 다른 과제는 조금쯤 게으름을 부려도 특별히 혼나지 않았지만 독후감을 빼먹으면 눈물이 쏙 빠질 정도로 꾸중을 들어야 했다. 정인이와 다빈이도 마찬가지였다. 책을 읽고 난 뒤에는 독후감을 써야 한다는 은근한 압박에서 쉽게 빠져나가지 못했다.

책을 읽고 나면 엄마는 으레 내용이 무엇인지부터 물었다. 가령 《흥부와 놀부》을 읽었다면 우리 사이엔 이런 대화가 오갔다.

"《흥부와 놀부》가 어떤 내용인지 엄마에게 이야기해줄래?"

그러면 우리 세 자매는 차례로 《흥부와 놀부》에 대해 이야기한다. 엄마는 다시 묻는다.

"빈희는 뭐가 제일 재미있었어?" "어떤 점을 느꼈지?" "형제의 우애에 대해 어떻게 생각해?"

이렇게 각자 자신의 생각과 느낀 점을 표현하다 보면 자연스레 책에 대한 토론으로 이어졌다. 대화가 충분했다 싶으면 엄마는 그제야 독후감을 쓰게 했다.

우리가 쓰는 독후감엔 정해진 형식이랄 게 없었다. 줄거리를 요약하고 느낌을 쓰는 데 그치지 않고 주인공에게 편지를 쓰거나 주인공과 나를 비교하는 글을 짓는 날도 있었다. 그 방식은 학년이 올라갈수록 점점 다양해졌다.

책 읽는 취향도 마찬가지였다. 처음엔 전래동화나 창작동화를 주로 읽었지만 나중에는 과학책, 위인전, 세계사책 할 것 없이 장르나 영역의 구애를 받지 않았다.

어릴 때부터 길들여진 독서습관은 훗날 우리에게 가장 귀한 보물이 되었다. 우리 세 자매는 여전히 책을 끼고 산다. 요즘은 막내 태성이마저 독서에 전염됐는지 밤늦게까지 책을 읽느라 학교에 지각하는 일도 일어났다.

막연한 느낌이지만 책 읽는 습관은 비단 공부와 성적에만 영향을 미친 것 같진 않다. 우리가 가진 바른 생활습관 가운데 8

할은 책이 만든 게 아닐까 한다. 그래서 누군가 나에게 독특한 공부법이 있냐고 물으면 이렇게 대답한다.

"글쎄요, 특별한 공부법은 없지만 어려서부터 책을 열심히 읽었어요."

공부법치고는 시시하게 들릴지 모른다. 하지만 나는 독서와 글쓰기의 힘을 믿는다.

책 속에서
길을 찾다

대학에 들어와서 깨달은 사실이지만 엄마로부터 받은 독서 지도는 참으로 체계적이었다는 생각이 든다. 예컨대 초등학교 4학년 사회 교과서엔 역사와 관련된 내용이 많음을 알고 있던 엄마는 3학년 겨울방학이면 세계사나 우리 역사에 관한 책을 권해주었다.

당시에는 엄마가 골라준 책이 그저 재미있었을 뿐, 새 학년 교과서에 같은 내용이 등장하리라곤 전혀 생각지 못했다. 이듬 학기 수업시간이 되어서야 '어, 이거 어디에선가 읽었던 내용인데……' 하며 반가워하는 식이었다.

흥미진진한 역사책으로 먼저 만나본 내용이다 보니 교과서 또한 흥미롭게 다가왔다. 게다가 요점만 실려 있는 교과서에 선 다루지 않는 역사의 전후사정까지 꿰고 있어, 수업시간에

선생님이 어떤 질문을 해도 자신 있게 대답할 수 있었다.

과학도 마찬가지였다. 지구과학이나 신기한 곤충 등 평소 관심 있는 책들을 많이 읽은 덕분인지 학교 수업 역시 별로 지루하게 느껴지지 않았다.

위인전의 경우 처음엔 여느 아이들처럼 우리나라 위인과 세계 위인을 구분해 읽었지만 나중에는 분야별로 위인들의 발자취를 밟아갔다. 음악가, 과학자, 사상가, 정치가, 문학가 등 각각의 업적을 따라가다 보면 교양을 쌓는 데도 모자람이 없었다.

중국에 있는 동안에도 우리는 쉬지 않고 책을 읽었다. 특히 외국에서 지낼수록 우리나라에 대한 자긍심과 주체성을 잃지 말아야 한다는 아빠의 말씀을 좇아 우리 역사와 관련된 책에 특히 많은 관심을 가졌다. 적어도 다른 나라 아이들이 우리 역사에 관해 물어올 때 잘 몰라서 쩔쩔매고 싶진 않았으니까.

또 다른 계기도 있었다. 중국에서 유학하는 동안 부모님은 한때 우리 자매들의 뒷바라지를 위해 작은 레스토랑을 열었다. 그때 가게에서 일했던 조선족 오빠들이 의외로 우리 역사에 문외한이라는 사실에 적지 않은 충격을 받았다. 고등교육까지 받은 오빠들인데도 거북선을 누가 만들었는지, 한글을 누가 창제했는지 전혀 알지 못했다.

아무리 중국에 살고 있다지만 한국인의 피가 흐르는 그들인데……. 안타까운 한편 동포라고 생각했던 오빠들이 처음으로 중국인처럼 느껴졌다. 실제로 일부 중국 조선족들은 자신이 한국 사람도, 중국 사람도 아닌 것 같아 정체성의 혼란을 겪는다고 한다.

아빠의 친구이자 한국에서 역사를 가르치는 교수님인 '뺏꺼 아저씨' 또한 우리 역사를 다시 보게 해준 분이다. 머리가 벗겨져서 붙은 우스꽝스러운 별명과 달리 우리 역사에 대한 자부심이 대단했다. 중국어도 유창하게 구사하는 교수님은 우리 가족과 식사를 같이 하는 자리에서 광활한 영토를 자랑했던 고구려의 역사를 실감나게 들려주었다.

"너희들이 지금 디디고 있는 이 연변 땅은 사실 중국이 아닌 우리 고구려의 영역이었단다. 당시 고구려는 대영토를 자랑하던 강대국이었지. 윤동주 시인의 생가가 있는 용정이나 백두산 역시 모두 고구려의 땅이었으니까."

백두산과 가깝고 용정(일제시대 때 독립기관이 많던 지역. 《토지》의 배경이기도 하다)과도 가까운 그곳 연길이 한때 우리 국토였다니 선뜻 믿기지 않았다. 그 순간은 정말이지 내가 대한민국 사람이라는 게 너무나 자랑스러웠다.

이후 우리 역사에 관한 수많은 책을 읽었지만, 그곳 고구려 땅에서 배운 우리의 역사만큼은 그 뒤로도 쉽게 잊혀지지 않았다.

10년 친구 일기

　"10년 동안 일기를 빠짐없이 쓴 사람과는 상종도 하지 말라는 말이 있다. 꾸준하게 일기를 쓴다는 게 그만큼 힘들다는 뜻인 게지. 일기는 자신의 삶을 반성하고 미래로 나아갈 수 있는 힘을 준단다. 너희들이 하루도 거르지 말아야 할, 진짜 소중한 재산이란 얘기다."

　어휴, 오늘도 저 얘기다. 아빠의 똑같은 잔소리. 일기쓰기를 하루라도 거르는 날엔 어김없이 엄마 아빠의 설교가 시작된다. 초등학교 1학년 때 첫 일기장이 생겼으니까 그야말로 거의 10년이 다 돼간다.

　디즈니 만화의 주인공이 그려져 있던 첫 일기장의 기억이 아직도 생생하다. 일기장을 사 온 엄마는 처음으로 '일기' 라는 말을 내게 꺼냈다.

"빈희도 이제 의젓한 초등학생이 되었으니 일기쓰기를 시작해야지."

"나 일기란 거 어떻게 쓰는지 몰라요."

엄마는 환하게 웃으며 말했다.

"일기는 오늘 하루 빈희가 무엇을 했는지 적는 거야. 우리 빈희 오늘 뭘 했더라?"

"음, 오늘은 입학식이라서 엄마가 사준 예쁜 치마 입고 학교에 갔어요."

"날씨는 어땠어?"

"너무 추웠어요. 기침이 막 나고 콧물도 많이 났어요."

"어이구, 빈희 많이 추웠구나. 그래도 새 친구도 만나고 선생님도 만나서 좋았지?"

"네. 선생님도 예쁘고요, 아이들도 많았어요."

"그랬구나. 엄마가 봐도 선생님이 참 예쁘시더라. 학교는 어땠어?"

나는 팔을 뻗어 커다란 원을 그려 보였다.

"이만큼 크고요. 놀이터도 있었어요."

"와, 우리 빈희는 정말 관찰력이 뛰어나구나. 자, 그럼 지금까지 엄마에게 해준 얘기를 공책에 한번 적어볼까?"

엄마의 부추김에 나는 자신 있게 연필을 잡았지만 막상 일기장을 펼치자 쓸 말이 도로 사라졌다. 엄마는 다시 내 기억을 하나하나 되살려주었다. 그렇게 적다 보니 어느새 일기장이

채워졌다.

"어때, 빈희야! 이제 오늘 있었던 일이 다 기억나지?"

"네."

아득히 넓어 보이던 일기장을 내 생각만으로 채운 것이 너무 신기하고 신이 나서 목청 높여 대답했다.

"앞으로 빈희가 혼자 힘으로 일기를 쓸 수 있을 때까지 엄마가 옆에서 도와줄게. 그렇게 한장 한장 쓰다 보면 아주 아주 크고 훌륭한 사람이 될 거야."

내가 일기쓰기에 조금 익숙해지자 엄마는 일기를 쓰는 데 형식은 그리 중요한 게 아니라고 가르쳐주었다. 지난 하루 가장 기억나는 일은 물론이고 나의 생각과 상상, 또 관심 있는 사물이나 사람에 대해 적어보는 것도 좋다고 했다. 엄마의 말은 어떤 깨달음과도 같았다.

생각을 바꾸자 일기에 남기고 싶은 것들이 너무너무 많아졌다. 마치 작가가 된 듯한 기분으로 소설을 쓰는 날도 있었다. 또 어떤 날은 내 고민이나 중요한 사건을 남기고, 공부하다 외우기 싫은 내용을 옮겨 적기도 했다. 심지어 사회적 이슈에 대해 철없는 의견을 토로해도 일기장은 친구처럼 가만히 내 얘기를 들어주었다.

중국에 있는 동안에도 마찬가지였다. 하루 종일 중국말만 하고 중국어만 듣다가 한글로 일기를 적다 보면 나도 모르게 쌓인 스트레스가 씻겨 내려가는 기분이 들었다. 물론 중국말 실력이 서서히 늘어나자 중국어로 일기를 적는 일 또한 즐거움의 일부가 됐다.

일기를 통해 얻은 건 그뿐만이 아니다. 글쓰기에 자신이 붙은 것도, 꾸준하게 써온 일기를 바탕으로 책을 낼 수 있었던 것도 모두 일기라는 재산이 내게 준 선물이다. 요즘 대학입시 때문에 혈안이 된 논술 역시 일기를 꾸준히 쓰는 것만 한 훈련이 따로 있을까 싶다.

그러나 일기를 논술 점수를 높이기 위한 공부나 문장력을 늘리기 위한 훈련으로 여긴 것은 아니다. 적어도 나에게 일기는 평생을 함께한 둘도 없는 친구이다. 기분이 우울할 때 일기에 그 감정을 풀어놓으면 외로움이나 슬픔은 온데간데없이 사라

진다. 또 기쁜 일을 적어두면 언제든 그 기분을 다시 불러낼 수 있다.

그래서 나는 가끔 엉뚱한 상상을 한다. 우리 집에는 여섯 식구 말고도 우리 세 자매와 남동생이 만든 특별한 친구들까지 모두 10명이 살고 있다고.

다른 아이들처럼 나 역시 한자공부를 왜 하는지 모른 채 배우기 시작했다. 일기와 마찬가지로 초등학교 때부터 시작된 엄마의 엄격한 과제였기 때문이다. 이유 불문하고 하루에 한 자 내지 두 글자는 반드시 외우고 수십 번씩 써야 했다. 한창 놀고 싶은 때였지만 한자와 일기 과제를 끝내지 않고는 빠져나갈 방법이 없었다.

어린 나이였지만 '무조건' 해야 한다는 점이 마음에 들지 않았다. 도대체 따라 쓰기도 힘든 한자를 왜 외워야 하는 거지? 하지만 불만은 마음속에서만 부풀어 오를 뿐 좀처럼 입 밖으로 꺼낼 순 없었다. 한자를 가르치는 엄마의 모습이 너무나 엄숙하고 진지해 보였기 때문이다.

하루에 한두 자로 시작한 한자공부에 조금씩 속도가 붙기 시

작했다. 그렇게 2년 정도 공부하자 가랑비에 옷이 젖듯 실력
이 부쩍 쌓인 느낌이 들었다. 그리고 초등학교 3학년이 되던
해, 엄마는 우리가 힘들어하는 줄 알면서도 한자를 가르친 이
유를 설명해주었다.

"우리말은 한자어가 무려 70%나 된단다. 한자를 몰라도 우
리말을 하는 데는 지장이 없지만 대신 글자 속에 숨은 진짜 뜻
을 파악하지 못할 때가 많아. 거꾸로 말하면 한자를 알면 너희
들이 쓰는 말이 무슨 뜻인지 정확하게 알 수 있다는 얘기지.
예를 한번 들어볼까. 우리 빈희가 수학에서 분수를 배운다고
하자. 분수(分數)의 한자는 무슨 뜻이지?"

"나눌 분(分), 셀 수(數)니까 셈을 나눈다는 뜻인가요?"

"그래, 맞았어. 조금 더 어려운 문제를 내볼까? 고랭지(高冷
地) 채소는 무엇을 뜻할까?"

"높을 고(高), 찰 랭(冷), 땅 지(地). 아, 알았다! 높고 서늘한
지역에서 생산되는 채소를 말하는 아니에요?"

"그래, 바로 그거야. 다들 고랭지 채소 하면 소리와 뜻을 따
로 외우지만 너희들은 '고랭지'의 뜻을 아니까 이해하기가 훨
씬 쉽잖니?"

그제야 나는 엄마가 왜 그렇게 한자공부를 닦달했는지 조금
이나마 이해할 수 있었다. 그날 이후 처음 봤다 싶은 단어는
모조리 예사롭게 보이지 않았다. 가령 과학시간에 등장한 퇴
적층이나 침식층 같은 말도 다른 아이들은 무작정 외우기에

바빴지만 말과 의미의 퍼즐을 풀 줄 아는 나는 더 이상 낯설거나 생뚱맞다는 느낌이 들지 않았다.

고학년이 되면서 한자공부에도 내공이 생겼다. 저학년 때는 기껏해야 하루 10자 정도 외웠지만 이제는 20~30자는 거뜬히 외울 수 있었다. 한자공부에 재미가 붙은 덕분이었다. 한자자격증 시험에도 꾸준히 응시했다. 8급에서 출발한 급수는 초등학교를 졸업할 무렵, 웬만한 어른도 따기 어렵다는 2급까지 올라갔다.

한자 실력은 중국 유학에서도 빛을 발했다. 중국말을 배우는 건 전혀 새로운 도전이었지만 한자가 기본인 글자를 공부하기는 훨씬 수월했다. 물론 중국인들이 새롭게 만든 한자나 약자들은 따로 익혀야 했다. 그러나 기본자를 알고 있는 이상 그 역시 힘든 일은 아니었다.

칫솔질처럼 한자공부를 떠밀어준 엄마에게 또 한번 고마움을 느낀 건 대학에 들어간 다음의 일이다. 내가 선택한 법대의 경우, 법률용어 대부분이 한자어라 해도 과언이 아니다. 고등학교 때 아무리 공부를 잘한 언니 오빠들도 한자를 다시 공부하느라 진땀을 빼며 쩔쩔매기 일쑤였다. 그러나 엄마의 스파르타식 한자공부로 무장한 나는 어떤 법률 서적이든 막힘없이 읽고 이해할 수 있었다. 마치 엄마가 내 미래를 내다보고 이 모든 걸 준비해둔 것만 같았다.

가끔씩 법률 서적을 채운 빼곡한 단어 위로 이유 없이 엄마

의 얼굴이 떠오르는 것도 그 때문인지 모른다. 이럴 땐 엄마에
게 참 미안하다. 엄마 사랑의 백 분의 일만 알았더라면 그렇게
심통 부리거나 마음 아프게 하지 않았을 텐데……. 엄마, 정말
고마워요.

사회과부도를 통해
세상을 보다

　세상엔 별난 사람들이 참 많지만 우리 엄마도 별나기로 치면 열 손가락 안에 꼽히지 않을까 싶다. 초등학교 3학년 때 엄마가 사회과부도를 사왔다. 처음부터 끝까지 지도밖에 없는 책이었다.

　'이렇게 재미없는 책을 왜 사오셨을까?'

　내가 궁금한 얼굴로 빤히 쳐다보는데도 엄마는 아무 말 없이 세계지도 쪽을 펼쳤다.

　"자, 오늘은 너희들하고 여행을 떠날까 해. 우리 가족이 아직 세계여행은 못 해봤잖니? 비행기까진 준비하지 못했으니까 우선 이 지도로 한 나라씩 여행을 가보자꾸나."

　사회과부도는 그날 이후 우리 집에서 가장 중요한 책이자 놀이도구 가운데 하나가 되었다. 여행 일정은 그때 그때 바뀌었다. 예를 들어 우리나라가 네덜란드와 축구경기를 하는 날에는 세계지도를 펼쳐 네덜란드를 찾아 떠났다. 우리가 지도를 찾고 나면 엄마는 네덜란드의 역사와 문화에 대한 이야기를 풀어놓았다.

물론 엄마가 그 많은 나라의 역사나 문화를 전부 꿰고 있었던 건 아니다. 엄마는 다만 우리가 좀더 생생하게 여행할 수 있도록 인터넷이나 책을 찾아 미리 공부해둔 것뿐이었다. 이런 엄마의 노력 덕분에 우리는 사회과부도와 더 친해질 수 있었다.

수차례의 지도여행 가운데 특별히 잊혀지지 않는 이야기가 있다. 바로 스칸디나비아 반도에 있는 나라에 관한 것이다.

"스칸디나비아 반도에는 스웨덴과 노르웨이 같은 나라가 있단다. 북위 55에서 71도에 위치하기 때문에 여름에는 해가 길다 못해 백야(白夜) 현상까지 볼 수 있지. 반면에 겨울에는 해가 뜨지 않는 곳도 있단다."

"우와, 겨울에 해가 뜨지 않으면 무지 춥겠다. 그런데 백야가 뭐예요?"

"백야란 해가 지지 않는 것을 말하는 거야. 그래서 밤에도 낮처럼 환하단다."

"그럼 거기 사람들은 잠잘 때 되게 피곤하겠네요."

엄마는 그곳 나라엔 복지제도와 사회보장제도가 잘 갖춰져 어린이와 여자들에겐 천국 같은 곳이라고 했다.

"너희 외삼촌은 예쁜 스웨덴 아가씨와 10년 넘게 펜팔도 했
단다."

"눈이 파란 사람과 말예요?"

"그래."

엄마는 내 질문이 더 우스운지 연신 웃음을 참지 못했다. 하
지만 나로선 깜짝 놀라는 게 당연했다. 당시는 지금처럼 전자
우편이 없었기 때문에 직접 편지를 적어 우표를 붙여 보내면
짧게는 1달에서 길게는 몇 달씩 기다려 답장을 받을 수 있었다
고 한다.

'그렇게 먼 곳에 사람이 진짜 살고 있었다니, 세상이 넓긴
넓구나!'

언젠가 나도 엄마가 말한 지구 저편 세상으로 여행을 떠나고
싶었다.

싱가포르 역시 우리가 좋아한 여행지 가운데 하나다. 다른
사람도 아닌 우리 이모가 살고 있는 나라였기 때문이다. 싱가
포르는 1년 내내 여름이라는 말에 이모가 참 불쌍하다는 생각
이 들었다. 여름을 잘 타는 나로서는 1년 내내 더위를 견딜 자
신이 없었으니 말이다.

사회과부도는 이처럼 우리 가족의 특별한 전용기이자 과학
책이자 역사책이 되어주었다. 우리는 사회과부도를 통해 나라
마다 시간차가 왜 나는지, 계절의 변화가 어떻게 생기는지 자
연스럽게 깨달았다. 각 지역의 환경은 물론 그들의 역사와 특
징도 배울 수 있었다. 나중에는 우리 세 자매 모두 사회과부도
에 나오는 지도를 훤히 외울 정도였다.

어쩌다 식구들과 여행을 하거나 학교에서 수련회를 떠나는
날엔 우선 우리가 떠날 장소에 대한 궁금증을 풀기 위해 지도
부터 펼치곤 했다. 비록 학교엔 다니진 않았지만 중·고등학
교 과정을 공부할 때에도 사회와 국사, 세계사 공부에 더 많은
애착을 느꼈다. 이 모두가 공부가 아닌 가족의 놀이로 사회과
부도와 친해진 특별한 인연에서 비롯된 결과였다.

언젠가 대입면접에서 일본과 아시아 지역에 부는 한류와 동
북공정, 그리고 고구려사 왜곡에 대한 질문을 받은 적이 있다.
아시아 주요 국가들의 역사적 관계와 지리적 위치를 모르면

쉽게 답할 수 없는 문제였지만 내게는 전혀 부담스럽지 않았다. 오랫동안 사회과부도를 통해 쌓아온 지식과 자신감 덕분이었다.

지금도 공부에 지칠 때면 사회과부도를 열어 언젠가 내 발로 구석구석을 누비고 싶은 나라들을 돌아본다. 그곳을 꿈꿔온 시간이 짧지 않았던 만큼 나의 진짜 여행도 그 이상으로 흥미진진하리라 의심치 않는다.

계획적인 공부를 위한 스케줄 짜기

유명한 연예인만 스케줄이 필요한 건 아니다. 학생들도 구체적인 스케줄을 짜서 공부하면 학습효율을 보다 높일 수 있다.

중국에서의 유학생활 도중 부모님이 먼저 한국으로 돌아간 후 한동안 우리 생활은 엉망이 되고 말았다. 중국은 학교수업이 한국에 비해 일찍 시작되고 늦게 끝나기 때문에 학교에서 대부분의 시간을 보냈다. 늦게 귀가하면 밥하랴, 살림하랴, 숙제하랴 시간에 쫓기기 일쑤였다. 더구나 잠이 많아 늦잠을 자주 자는 나는 하루가 어떻게 가는지조차 알 수 없었다.

시간을 알차게 활용하는 방법을 궁리하다 연예인들처럼 하루 스케줄을 짜보기로 했다. 학교수업과 집안일, 공부시간까지 스케줄을 따르면서 조금씩 틀이 잡히고 여유도 생겨났다.

세계적인 성악가 조수미 씨는 10년 치 스케줄을 정리해두었다고 한다. 나도 1년간의 스케줄을 정해보기로 했다.

올해 나는 사법고시에 도전할 생각이다. 그러자면 기준 이상의 영어 점수를 따야 한다. 이를 위해 다시 한달 한달의 스케줄을 정리해보았다. 방학 때는 영어회화와 문법에, 그 이후에는 독해에 주력하기로 했다. 매달의 스케줄이 결정되자 주간계획도 나왔다. 한 주는 동사, 또 한 주는 형용사…… 그런 다음 다시 일간스케줄을 계획했다. 일간스케줄은 너무 무리해서 잡지 않았다. 그저 단어와 숙어를 하루 몇 개 정도 외우는 식이었다.

스케줄을 작성할 때는 첫째, 계획을 짤 때 욕심을 부리지 말

아야 하며, 둘째, 일단 스케줄을 정하면 절대 어기지 말아야
한다.

누구나에게나 하루 일정량의 공부를 꾸준히 하기란 결코 쉬
운 일이 아니다. 그렇다고 해서 단 하루라도 미루기 시작하면
공부할 양이 엄청나게 불어난다. 이때 하루를 미루는 바람에
해야 할 공부가 2배가 되었다고 해서 무리하거나 욕심을 부려
서는 안 된다. 차라리 하루치를 포기하고 원래 스케줄을 수정
해서 평소대로 꾸준히 공부하는 쪽이 싫증이 덜 난다.

스케줄을 제대로 실천하려면 연예인들의 매니저처럼 작은
수첩을 가지고 다니자. 그날의 구체적인 일과를 반드시 수첩
에 적어두었다가 하나씩 실천할 때마다 빨간색으로 지워가면
성취감과 보람을 느낄 수 있다.

대학에 오기 전까지 내가 썼던 스케줄 수첩은 온통 빨간색으
로 뒤덮여 있다. 물론 처음에는 나 역시 시행착오를 많이 겪었
다. 욕심만 앞서는 바람에 무리한 계획을 세우는가 하면, 좋아
하는 과목에 치우쳐 하기 싫은 공부는 계속 뒷전으로 미루곤
했다. 하지만 스케줄 관리에 익숙해진 후부터는 완벽하게 지
킬 수 있는 균형 잡힌 계획을 세울 수 있게 됐다.

요컨대 스케줄 관리는 스타 탄생의 지름길이기도 하지만 우
등생이 되는 비결이기도 하다.

공부는 머리가 아닌 체력 싸움

한동안 거울 속에 비친 내 모습을 보면 저절로 한숨이 나왔다. 워낙 운동을 안 하다 보니 조금만 먹어도 금세 살이 찔 무렵이었다. 사실 엄마가 재혼하기 전까지 다빈이와 나는 편식이 심한 편이었다. 운동할 일도 거의 없어 체력도 형편없었다. 엄마가 바깥일로 늘 바쁘니, 우리는 어쩔 수 없이 외식을 자주 하곤 했다.

그때 인스턴트 음식에 너무 길들여져서인지 엄마가 재혼한 후에도 밥맛이 돌아오지 않았다. 학교에서 달리기는 늘 꼴찌였고, 조금만 공부해도 금방 코피를 터트렸다. 그런 우리를 보고 아빠는 혀를 찼다.

"이 녀석들아, 공부를 머리로 한다고 생각하는 모양인데 너희들 아주 잘못 생각하는 거야. 정말 공부를 잘하고 싶으면 체력부터 길러야 해. 아빠는 너희들이 공부를 조금 못해도 좋지만 이렇게 약해빠진 모습은 보기 싫구나. 건강한 몸에서 건강한 생각이 나오는 거야!"

그때부터 아빠는 인스턴트 음식을 일체 못 먹게 했다. 콜라나 햄버거, 피자 같은 음식들은 열량만 높지, 불필요한 지방이 많아서 건강에 치명적인 해를 끼친다고 했다.

설상가상으로 그 무렵 중국 유학이 결정되면서 머릿속이 아득해졌다. 가뜩이나 한국 음식도 먹기 싫어하는데 기름기가 많은 중국 음식은 또 어떻게 견디나? 유학갈 날이 가까워질수록 마치 전쟁터로 끌려가는 사람처럼 나의 두려움도 점점 커져갔다. 아빠 역시 그런 내 건강이 제일 걱정되는 모양이었다.

"외국생활을 하면 건강했던 사람도 아픈 경우가 많지. 그런데 우리 빈희는 체력이 너무 약해서 걱정이구나. 빈희를 건강하게 만들기 위해 아빠가 특단의 조치를 취할 수밖에."

중국에 도착하자마자 우리 가족은 모든 식단을 자연식으로 바꾸었다. 중국에 있는 동안엔 살림에만 전념하기로 한 엄마가 끼니마다 정성껏 만들어준 음식이었다. 엄마는 뇌의 활성화에 도움이 되는 식단과 더불어 나를 위해서는 특별히 살 안 찌고 체력을 키워주는 음식을 준비해주었다.

아빠는 또 운동을 극도로 싫어하는 우리(솔직히 나)에게 매일 집에서 학교까지 걸어 다니도록 했다. 30분 정도의 거리를 아침저녁으로 걷다 보니 저절로 규칙적인 운동을 하는 셈이었다.

그렇게 1년 정도 걷기와 자연식 섭취를 계속한 결과, 우리의 체력이 몰라보게 달라지기 시작했다. 원래 운동신경이 뛰어난 정인이와 다빈이는 학교 운동회에서 계주와 줄넘기 선수로까지 뽑혔다. 하지만 운동에 소질 없는 나는 체력은 늘긴 했지만 별수 없었다.

그날 동생들은 운동회의 스타였다. 정인이와 다빈이 모두 선수로 뛴 종목에서 1등을 차지했다. 1등 상품이 비록 문방구에서 파는 흔한 풀인데다 우리 학비 문제로 귀국하신 부모님과 함께할 수 없다는 사실이 못내 아쉬웠지만 우리는 손을 맞잡고 날 듯이 기뻐했다. 마치 내가 두 동생의 엄마가 된 착각이 들 정도였다.

중국에서 공부를 마치고 귀국한 뒤 야학교에 다니는 동안에도 우리는 40분이나 걸리는 학교를 매일 걸어 다녔다. 걸음도 자꾸 걷다 보면 속도가 붙는지 나중에는 20분밖에 걸리지 않았다. 덕분에 누구보다 건강해진 우리는 입시를 준비하며 새벽까지 공부에 매달리면서도 코피 한번 흘리지 않았다.

막내 태성이도 집에서 30분이나 걸리는 학교와 학원을 매일 걸어 다닌다. 그래서 팔씨름을 하면 같은 반 아이들은 물론이고 1~2살 많은 형들과 붙어도 지는 법이 없다. 그런 태성이에게 "힘바(힘만 센 바보)야"라고 놀리면 그냥 씩 웃고 만다.

그렇게 건강했던 내가 다시 코피를 구경하게 된 건 대학에 들어온 이후였다. 학년 말 시험을 준비하다 코피가 터졌는데 여간해서 멈추지 않았다. 걱정이 된 나는 엄마에게 전화를 걸었다.

"이 녀석, 기숙사에서만 지내니까 걸을 기회가 통 없나 보지? 자주 틈을 내서 캠퍼스를 산책하거나 가벼운 달리기라도 하도록 해. 아니면 아빠에게 말해서 지옥의 강훈련을 다시 시작하게 할 테니."

'지옥의 강훈련'이란 말에 살짝 겁이 나기도 했지만, "공부는 머리로 하는 것이 아니라 체력으로 하는 것"이라며 웃으시던 아빠의 모습이 사무치게 그리워졌다.

세상 앞에 당당히

쇼를 하라

"저는 ○○대학에 응시한 손빈희라고 합니다. 아직 어린 나이임에도 불구하고 이 대학에 원서를 낸 것은 남들보다 먼저 미래의 꿈을 펼쳐 보이고 싶었기 때문입니다."

숨소리조차 내기 힘든 대학입시 면접장에서 나는 교수님들의 눈을 응시하며 자신 있고 또렷한 목소리로 내 자신을 소개했다. 하지만 떨리는 마음까지 숨길 수는 없었다. 다른 언니 오빠들도 긴장한 모습이 역력했다.

교수님들은 다른 언니 오빠들보다 4~5살 정도 어린 내가 신기한 듯 바라보며 물었다.

"빈희는 꿈이 뭐지?"

"저는 훌륭한 법조인이 되고 싶습니다. 법은 어려운 사람을 돕고 정의를 구현하는 것이라 알고 있습니다. 법의 정신에 맞게 약자의 편에 서는 법조인이 되고 싶어 이 대학을 지원했습니다."

"그래, 장하구나. 빈희는 중국 유학까지 갔다 왔다니, 중국어로 자기소개를 해볼래?"

나는 중국 유학에서 공부한 것을 토대로 우리 부모님과 동생들의 이야기, 그리고 중국에서 겪었던 여러 경험들을 이야기했다. 내 소개가 끝날 때쯤 교수님들의 눈매는 한층 부드러워져 있었다.

내가 면접에서 그토록 당당할 수 있었던 것은 오랜 기간 준비해온 덕분이기도 하지만, 나와 마찬가지로 조기입학을 준비하고 있는 두 동생들에게 힘이 되고 싶어서이기도 했다. 이듬해 정인이와 다빈이는 대학에 당당하게 합격했다. 특히 다빈이는 이 언니 이상으로 자신을 잘 표현했다고 한다.

다빈이가 서울 모 대학에서 2명만 뽑는 한자특기자 전형의 면접을 보러 갔을 때 무려 50명의 지원자가 참석해 있었다. 대기실에서 다른 지원자와 이야기를 나눠 보니, 대부분 서울에 있는 학교 출신으로 내신도 좋고, 한자급수도 자신보다 높았다고 한다. 다빈이로서는 주눅이 들 수밖에 없는 상황이었다. 하지만 비중이 큰 면접에 승부를 걸어보기로 했다.

면접장에 들어서자 근엄한 표정의 교수님들이 세 분 앉아 있었다. 다빈이는 밝은 얼굴에 또렷한 목소리로 "안녕하세요?" 하고 먼저 인사를 건넸다. 그러자 교수님들의 눈이 커지면서

미소가 돌아왔다.

다빈이는 자신의 특기인 중국어로 말문을 열었다. 자신에게 주어진 기회를 놓치지 않고 뛰어난 중국어 회화 실력을 유감없이 보여준 것이다. 게다가 시키지도 않은 자기소개까지 했다. 나이는 어리지만 대학에 와서 열심히 공부하고 싶은 마음을 그대로 털어놓으며 언니인 나의 예까지 들었다고 한다(기특한 녀석).

그런데 교수님 가운데 한 분이 미처 생각지도 못한 질문을 던졌다. 다빈이는 순간 당황했지만 이내 기지를 발휘했다.

"교수님, 그 질문에 대해선 제가 아직 공부를 못했는데 이 대학에 들어오면 꼭 연구해서 교수님과 토론해보겠습니다."

질문을 던진 교수님은 호탕하게 웃음을 터뜨렸다. 다빈이는 결국 수많은 경쟁자를 제치고 합격의 영광을 안아 나까지 놀라게 했다. 동생이지만 정말이지 대견했다.

유명한 광고 중에 '쇼를 하라' 는 카피가 있다. 요즘은 정말이지 쇼가 필요한 세상인 것 같다. 자신을 자신 있게 표현하는 능력이 곧 경쟁력인 시대가 된 것이다. 우리 세 자매 모두 세상을 살아가면서 가장 자기다운 모습을 당당하게 드러낼 수 있다면 세상 그 누구도 부럽지 않을 것 같다.

조기유학의 두 얼굴

요즘 우리나라에서는 조기유학이 하나의 유행이 된 듯한 느낌이다. 그러나 우리 세 자매의 경험상 유학이란 결코 만만한 도전이 아니다. 우리가 중국생활에 대한 재미있는 에피소드만 골라 이야기했다고 해서 중국 유학은 '할 만 하다'고 여길지도 모르겠지만 사실 우리 역시 말 못할 어려움을 겪은 적이 한두 번이 아니다.

중국어가 서툴러 아이들에게 왕따를 당한 기억은 쉽게 지울 수 없을 만큼 아팠고, 중국 문화에 익숙지 않아 눈물이 쏙 나도록 혼이 난 적도 많다. 이런 어려움을 이겨낸 덕분에 영어와 중국어를 자유롭게 구사하고 경제대국으로 급성장하는 중국을 조금이나마 배우는 기회도 얻었지만 누구나 그런 행운을 누리는 건 아닌 듯했다.

중국에 있는 동안 한국 유학생들이 문제를 일으키는 모습을 가끔씩 목격했다. 삼삼오오 몰려다니며 담배나 술에 취해 거리를 활보하는 건 예사였다. 나이도 어린데 동거를 하는가 하면, 한국 학생들끼리 싸우는 일도 잦았다.

중국에 사는 우리 외삼촌댁에도 한국에서 유학 온 언니가 있었는데, 한 달 가운데 절반 이상은 집에 들어오지 않았다. 보다 못한 외삼촌은 부모님께 그 사실을 알렸고, 그 언니는 결국 유학을 접고 한국으로 돌아가야 했다.

하지만 그 모두가 유학 온 언니 오빠들의 잘못만은 아닌 것 같았다. 말썽을 피우는 학생들 대부분은 혼자 유학을 떠나온 경우였다. 낯선 타향에서 혼자 지내기도 외로울뿐더러 규칙적인 생활에 익숙해지기도 어려웠을 것이다. 그렇다고 모든 부모님이 자녀의 유학길에 동행하기란 쉽지 않다.

경제적인 여유가 없었던 우리 엄마 아빠 역시 본인들의 삶을 희생하는 대가를 치러야 했다. 하지만 유학생활을 시작하는 초반, 부모님이 함께했다는 사실은 우리에게 큰 힘이 되어주었다.

덕분에 우리는 유학생활을 통해 전보다 더 성숙해질 수 있었다. 가계부 쓰는 법, 청소하고 빨래하는 법도 그때 배웠다. 엄마가 한국으로 돌아가기 한 달 전부터 가르쳐주고 메모해준 요리도 그럭저럭 먹을 만했다.

부모님은 우리가 살림과 학교생활에 어느 정도 적응하는 것

을 눈으로 직접 확인한 뒤, 귀국길에 올랐다. 부모님 없이 우리끼리 중국에서 적응하는 일 또한 힘든 공부가 되었다. 부모님이 계시던 자리가 늘 허전했지만 그만큼 우리는 강해졌고 서로 가까워졌다.

유학이 자신을 부쩍 성장시키는 기회인 것만은 분명하다. 하지만 한국에서 생활하는 것보다 두 배로 더 힘들고 외롭다는 것을 잊어서는 안 된다. 특히 뚜렷한 목표의식 없이 떠났다간 손에 쥐는 것보다 잃는 것이 더 많을지도 모른다. 중국으로 떠나기 전 나의 목표는 분명했다. 중국어를 완벽하게 마스터하되, 보다 강인한 체력과 체계 있는 공부습관을 익혀 돌아오고 싶었다.

유학은 떠나기 전부터 돌아온 후까지 준비할 게 참 많다. '유학을 다녀오면 잘 되겠지' 하는 막연한 기대로 유학을 결정하는 친구들은 다시 한번 생각해보기 바란다. 유학은 꿈을 꾸기 위해 떠나는 낭만적인 여행이 아니다. 꿈을 실현하는 험난한 모험이다.

국어, 독해가 기본이다

국어공부의 기본은 독해라고 생각한다. 본문을 정확하게 이해해야 문제를 풀 수 있기 때문이다. 독해를 잘하기 위해서는 무엇보다 많이 읽는 것이 중요하다.

나는 틈만 나면 국어 교과서를 열심히 읽었다. 교과서에 가장 자주 등장하는 것이 문학작품이다 보니 읽는 재미도 쏠쏠했다. 특히 같은 작가의 다른 작품이나 사상을 찾아보면 해당 작품을 다른 눈으로 바라볼 수 있어 좋았다. 물론 교과서 밖 문학작품도 즐겨 읽으면서 독후감을 쓰는 것도 잊지 않았다.

글쓰기 실력이나 발표력을 향상시키는 데엔 사설 읽기만큼 좋은 훈련도 없었다. 관심 있는 주제나 이슈가 있는 경우엔 정인이, 다빈이와 함께 토론도 해보았다. 이때는 사전 찾기 역시 필수였다.

다른 과목도 마찬가지지만, 국어의 경우 깊이 있게 파고 들어가는 식으로 공부하는 것이 좋다. 예컨대 교과서에 시가 나오면 우선 시에 대한 이론을 공부해본다. 시의 정의와 형식은 무엇인지, 어떤 종류가 있는지 살펴본 다음 교과서를 읽으며 내용을 분석한다.

공부한 내용을 바탕으로 직접 시를 지어보는 것도 좋다. 가능하면 시화집도 만든다. 우리 자매들은 시화집 만들기를 좋아해서, 미술공부라는 착각이 들 만큼 신경 써서 꾸민 다음 방학 과제물로 제출해 상을 받은 적도 많다. 이렇게 하면 무엇보다 시에 대한 남다른 애정이 생긴다는 장점이 있다.

수필, 설명문, 논설문, 기행문과 현장학습 보고서, 전래동화, 창작동화 등 다른 장르도 마찬가지였다. 시를 공부할 때와 똑같이 이론 공부와 내용 이해, 실제 글짓기를 빠짐없이 거쳤다. 특히 동화는 시만큼이나 우리 자매들이 좋아했던 장르다. 우리는 직접 동화를 지어 부모님 앞에서 소리 내어 읽곤 했다. 그 덕분인지 학교 동화구연대회에서 상도 받았다.

이렇게 이론과 실기를 병행하면 국어공부가 지루하지 않다. 국어나 글쓰기가 질색인 친구가 있다면 꼭 한번 시도해보기 바란다.

수학, 오답노트를 정리하라

수학은 기초가 특히 중요한 과목 가운데 하나다. 내가 초등학교에 다닐 때만 해도 연산 위주로 문제가 출제되었지만 요즘은 응용력을 키우는 데 초점을 맞추는 것 같다. 따라서 수학 또한 국어와 마찬가지로 문제에 대한 독해력을 키우는 것이 중요하다. 문제를 정확히 이해하지 못하면 공식을 알거나 계산을 잘한다 해도 정답을 추론해낼 수 없기 때문이다.

내 주위엔 학원이나 과외를 통해 선행학습을 하는 친구들이 많다. 나 역시 초등학교 시절 수학 경시반에서 선행학습을 해본 경험이 있지만 그 효과는 글쎄, 의문스럽다.

중국의 초등학교에는 한국과 달리 과목마다 전공 선생님이 따로 있다. 그래서 더 어려운 것까지 깊이 있게 설명해줄 것 같지만 오히려 그 반대다. 중국의 수학수업은 기본에 보다 충실했다. 즉, 기본개념을 몇 번씩 설명한 다음, 아이들이 전부 이해했다 싶으면 기본문제와 응용문제로 넘어간다.

대부분의 사람들은 어려운 문제를 풀면 쉬운 문제는 저절로 깨닫게 된다고 생각한다. 하지만 내 경험으로 보면 기본이 탄탄한 쪽이 중·고등학교 과정을 더 빨리 이해하고 더 재미있게 소화하는 것 같다.

수학은 틀린 문제를 또 다시 실수하기 쉬운 과목이기도 하다. 나 역시 그 점이 제일 문제였다. 여러 날을 고민한 끝에 엄마의 권유대로 오답노트를 만들어보았다. 틀린 문제를 오답노트에 남겨 두 번씩 반복해 풀어보고 반드시 완벽하게 이해한 후에야 다음 문제로 넘어갔다. 이렇게 틀린 문제를 체크하고 분석하는 습관이 생기면서부터 틀린 문제를 또 틀리는 실수가 눈에 띄게 줄었다.

영어, 단어·숙어
암기가 왕도다

영어공부에서는 뭐니 뭐니 해도 단어와 숙어가 제일이다. 단어와 숙어를 많이 알아야 문장을 이해하고 문법도 제대로 정리할 수 있으니 말이다.

나는 단어장과 숙어장를 각각 만들어 하루에 일정량을 외우고 정리하되, 전자사전보다는 종이로 된 사전을 찾으려고 노력했다. 그리고 얼마나 외웠는지 확인하기 위해서 매일 한 번, 정인이나 다빈이에게 단어 테스트를 받았다.

그렇게 해도 영어만큼은 학원의 도움을 받을 수밖에 없었다. 혼자 힘으로 발음을 정확하게 익히거나 문장을 능숙하게 이해하는 데는 한계가 있었기 때문이다. 그렇다고 아무 학원이나 다닐 수는 없으므로 내 나름대로 학원의 기준을 정했다.

첫째, 듣기·말하기·읽기·쓰기가 체계적으로 이루어지는

곳인가?

둘째, 수준별 수업이 이루어지는가?

셋째, 학생들이 중심이 되어 수업을 하는가?

학생이 수업에 전혀 참여할 수 없고 선생님의 강의 위주로만 진행되는 영어수업은 금방 싫증 날 게 뻔했다.

영어는 특히 '배우고 싶다'는 자극이나 동기가 다른 어떤 과목보다 중요하다. 초등학교 3학년 때 호주와 싱가포르로 여행 갔을 때 나는 현지 사람들과 친해지고 싶은 마음에 말도 안 되는 영어를 마구 지껄였다. 영어가 누군가와 소통하게 해주는 '살아 있는 언어'임을 깨닫는 순간이었다. 하지만 동시에 내가 알고 있는 표현이 몇 가지밖에 안 된다는 사실을 깨닫고는 여행에서 돌아온 후부터 영어공부를 열심히 했다.

싱가포르에 사는 이모를 방문한 길에 센토사 섬에서 만난 미국 소년 매독스 또한 잊을 수 없다. 서로 주소를 교환한 뒤 설마 했던 편지가 도착 했을 때의 흥분이란! 영어로 적힌 편지가 신기한 나머지 사전을 펼쳐놓고 편지를 읽었던 일이며, 서툰 영어 실력을 자책하며 답장을 쓰던 일 모두 영어에 대한 관심을 불붙이기에 충분했다. 좋아하는 영화나 팝송을 원문으로 이해하기 위해 영어를 공부한다는 사람들의 마음을 이해할 수 있었다.

초등학교 고학년 때부터는 영문으로 일기를 쓰기 시작했다. 처음에는 한국말로 일기를 쓴 다음 영어로 옮기는 연습에 불

과했지만, 지금은 한국말만큼이나 편안하게 일기를 쓴다. 중국어 공부를 시작한 후에도 중국어로 일기를 쓰곤 했다. 모르는 단어가 나오면 사전의 도움을 받으면서 하고 싶은 말을 모두 표현하다 보니 자연스레 문법공부까지 할 수 있었다.

예전에 우리 자매의 일상을 취재하러 온 잡지사 기자분이 우리 일기장을 보고는 입을 딱 벌리면서 물었다.

"도대체 너희들은 몇 개 국어로 일기를 쓴 거니?"

"4개 국어 정도로는 쓸 수 있어요."

실은 나는 5개 국어를 쓸 줄 안다. 한국어와 중국어, 영어와 한자어, 또 최근에 배운 전라도 사투리까지……

| 박지성 |

평발이든 단신이든,
난 축구가 즐겁다

아빠가 오늘 이야기하려는 사람은 공부 천재가 아니라 축구 천재란다. 바로 우리 딸들도 잘 알고 있는 박지성 선수야. 공부 이야기를 하면서 무슨 축구선수냐고 의아하게 생각할 수도 있지만 어느 한 분야에서 정상에 오른 사람은 일맥상통하는 부분이 있단다. 다시 말해서 박지성 선수에 대한 이야기를 풀어나가다 보면 어떻게 공부해야 하는지 길이 나온다는 거지.

너희들도 잘 알다시피 박지성 선수는 국내 최초로 영국 프리미어리그에 진출한 선수야. 프리미어리그 중에서 역사와 전통을 자랑하는 최고 명문팀 맨체스터 유나이티드에서 주전으로 활약하고 있지.

아빠가 축구를 좋아해서 여러 가지를 조사했는데 전 세계에는 여러 리그팀이 있어. 우리나라는 K리그라고 하고, 일본은 J리그라고 하지. 차범근 선수가 활약했던 독일은 분데스리가,

스페인은 프리메라리가, 이탈리아는 세리에 A, 영국은 프리미
어리그라고 불린단다.

그중에서도 박지성 선수가 뛰고 있는 프리미어리그가 가장
수준이 높은 리그로 평가받고 있지. 그러니까 박지성 선수는
최고 중에 최고의 팀에서 활약하고 있는 셈이야. 하지만 박지
성 선수의 길이 순탄했던 것은 아니란다. 그는 온갖 어려움을
극복하고 지금의 위치에 올라선 거야.

우선 그는 축구선수 중에서도 단신이야. 박지성과 같은 팀
의 웨인 루니나 디에고 마라도나 같은 선수도 단신에 속하지
만, 축구가 장신에게 유리한 운동이고 보니 시작부터 불리한
조건을 갖춘 셈이지.

그 정도라면 사실 온갖 역경을 극복했다고 할 수 없지. 박지
성은 운동선수로서는 최악의 조건인 평발을 지녔어. 평발은
많이 뛰다 보면 보통 사람보다 발이 쉽게 피곤하고, 아픔을 더
많이 느껴.

고등학교를 졸업하고 박지성은 명지대학교에서 선수로 활동
하다 일본 J리그의 퍼플상가라는 팀에서 뛰게 되었지. 그때까
지만 해도 박지성은 별 특징이 없는 선수였어. 하지만 그는 자
신에게 온 찬스를 결코 놓치지 않았어. 히딩크 감독이 그를 기
용했을 때 많은 사람이 의아해했지만 강호 포르투칼을 물리치
는 데 결정적인 역할을 했지. 이후 박지성은 히딩크 감독이 가
장 아끼는 선수가 되었고, 히딩크 감독의 고향인 네델란드리

그에서 활약하다 프리미어리그로 진출해 세계적인 수준의 반
열에 올랐어.

박지성 선수를 보면서 나는 두 가지가 떠올랐단다. 바로 최
악의 상황에서도 포기하지 않는 근성과 축구에 대한 애정이
야. 그는 "승부에만 연연하는 축구, 이기기 위해 목숨 거는 축
구는 진정한 축구가 아니다. 축구는 재미있어야 하고 즐겨야
한다. 축구를 진정으로 즐길 때 비로소 승리도 따라온다. 나는
'인내는 쓰고 열매는 달다' 라는 말을 늘 마음속에 품고 산다.
이 좌우명이 어려움을 극복하고 나를 바로 세워주는 힘의 원
천이다"라고 말했어.

공부도 마찬가지 아닐까? 하위권이니까 처음부터 포기하거
나 중간 정도만 유지하는 데 만족하면 자신과의 싸움에서도
지게 되겠지. 공부를 꼭 잘해야 하는 것은 아니야. 하지만 잘
하려고 노력조차 하지 않는다면 그 사람은 기나긴 인생의 싸
움에서도 결코 이길 수 없을 거야.

또 하나는 공부를 재미있게 생각하라는 것이야. 억지로 하
는 것이 아니라 정말 하고 싶어서 하는 것이었으면 좋겠어. 너
희가 꿈을 이루기 위해서는 앞으로 10년도 넘게 공부와 함께
살아야 해. 그러니 이 공부라는 놈과 친해지지 않으면 스트레
스도 많이 받고 피곤하겠지. 공부가 쉽게 친해질 수 없는 놈이
라는 사실은 아빠도 잘 안단다. 이 녀석은 여간해서 마음을 내
주지 않거든. 하지만 그 안에서 조금이라도 재미를 발견하면

서서히 친해지는 방법을 찾게 될 거야.

우리 딸들이 스스로 알아서 공부하는 정도로 발전했지만 이제는 정말 공부에 재미를 느끼면 좋겠다. 그리고 공부를 통해 너희들의 인생을 발견한다면 아빠는 그보다 더 기쁜 일이 없을 것 같아.

어려운 여건 속에서도 최선을 다해 인생을 개척하고, 힘들고 험한 축구라는 길에 재미있게 뛰어든 박지성 선수처럼 너희들도 기꺼이 공부에 마음을 내어주기 바란다.

웃어라, 온몸으로 배워라!

일본의 공부 천재로 불리는 요시다 다카요시. 이 사람은 일본 최고의 명문대학인 동경대학교와 대학원을 우수한 성적으로 졸업하고 일본에서 가장 어렵다는 각종 시험을 골고루 통과한 신화 같은 존재야. 행정고시와 사법고시는 물론 언론고시와 전혀 분야가 다른 의사고시까지 합격했으니 공부에서는 정말 그를 따를 자가 없다고 할 수 있어. 그는 NHK 아나운서와 의사, 국회의원의 제1비서라는 전혀 다른 분야의 직업을 거치며 명성을 쌓았단다.

하지만 요시다는 뛰어난 아이큐를 가지고 있거나 기억력이 좋은 것은 아니라고 고백했어. 일반 사람 정도의 지능과 기억력으로 누구나 부러워하는 공부 천재가 된 데는 남다른 이유가 있을 거야.

요시다는 우선 온몸으로 공부하는 사람이었어. 보통 사람들

은 무엇인가를 외울 때 공책에 쓰거나 입으로 중얼거리는 게
고작이지만 그는 오감을 이용했다고 해. 노래로도 불러보고
율동도 하면서 외운 거지. 사람들의 눈은 전혀 의식하지 않고
말이야.

'크레이지 영어'를 전파해 중국에서 선풍적인 인기를 끈 리
양도 영어 공부를 할 때 웅변하는 것처럼 고래고래 소리 지른
것으로 유명해. 그게 무슨 영어공부냐 하겠지만 우리의 두뇌
는 참 미묘한 것 같아. 그래야 우리의 뇌 속에 깊이 각인되거
든. 우리 딸들도 온몸을 이용해 공부하는 요시다의 공부법을
따라 해보는 것은 어떨까?

요시다의 또 다른 공부 비결은 공부할 때 웃는 거야. 공부하
는 것도 짜증나는데 웃을 여유가 어디 있냐고 반문할지 모르
겠지만 웃으면서 공부하면 뇌가 활성화되어서 공부가 더욱 잘
된다는 거야. 아빠도 그 이론에는 깊이 공감해. 어떤 일을 할
때 웃으면서 즐겁게 하면 효율이 높아져 일도 더 빨리 끝나거
든. 공부도 즐겁고 신나게 그리고 웃으면서 해야 더 잘되리라
믿어.

요시다는 또한 자신만의 독특한 '사면초가 공부법'을 주창
했어. 사면초가는 너희들도 잘 알다시피 '적이 사방을 둘러싸
서 꼼짝할 수 없는 지경'을 말해. 사면초가 공부법도 마찬가지
로 주변을 온통 공부로 둘러싸는 거야. 눈을 아무리 돌리고 돌
려도 공부할 것들만 보인다면 저절로 공부가 되겠지. 요시다

는 심지어 화장실이나 천장에도 메모지를 붙여놓았단다. 화장실에서 일을 보다가 잠시 영어단어를 외우고 잠자기 전 짧은 시간에도 천장을 보며 공부를 하는 거지.

하지만 그는 잠자는 시간은 아낌없이 투자했단다. 잠을 잘 자야 공부를 잘한다는 것이 그의 지론이었어. 우리 딸들은 새벽까지 공부하고 늦잠을 자는 경우가 많은데 아빠는 솔직히 저녁에 일찍 자고 새벽에 일찍 일어나서 공부했으면 해. 사람마다 저녁형과 아침형이 있지만 아빠는 우리 딸들이 아침형 인간이 되면 좋겠다.

요시다가 공부 천재가 된 마지막 비결은 공부를 목표가 아니라 꿈을 이루기 위한 수단이라고 생각한 데 있어. 우리 딸들도 마찬가지야. 공부가 목표가 된다면 평생 공부만 하다가 끝이 나겠지. 하지만 공부를 수단으로 여기면 더 큰 꿈을 향해 힘차게 발걸음을 옮길 수 있을 거야.

우리 딸들도 자신의 목표를 향해 곧장 나갔으면 해. 이제 아빠의 이야기는 여기서 끝을 내지만 우리 예쁜 딸들이 세상에 나가서 멋진 여성으로 당당하게 살아갈 때까지 너희들의 버팀목이 되어줄게. 사랑하는 우리 딸들아, 이것만은 절대 잊지 마렴. 아빠는 너희들을 진정으로 사랑한단다.